魔法のように人をズラす

ラグビー最強のステップ

ニュージーランド式ステップデザイン

ステッパー／タッチラグビー日本代表
奈良秀明

KANZEN

目次

第2章

ニュージーランド式ステップの基礎

第3章

第4章

ステップ習得のためのトレーニング

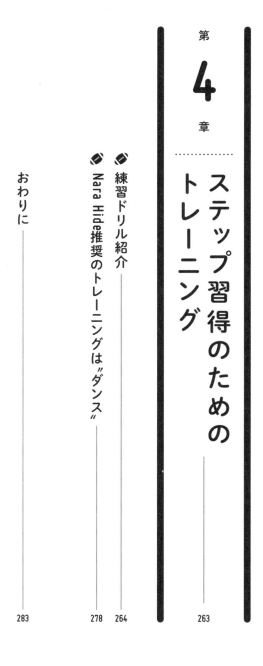

出版にあたって

僕は現在ステッパーとして活動し、ラグビーのトップリーグ選手から小学生、ラクロスなどの対人スポーツの選手にグースステップをはじめとするニュージーランド式ステップを指導しています。指導している中でよく驚かれるのが、僕が高校まで野球をしていて、ラグビーに触れたのは大学に入ってからであること。みなさんは、僕が小さいころからラグビーをプレーしてグースステップを習得したと思うことが多いようです。僕がグースステップというものを知ったのは大学からはじめたタッチラグビーで、日本代表としてオーストラリア遠征に行ったとき。試合を観戦しているとニュージーランド人の選手がグースステップで相手選手を一発で抜き去ったのです。

そのときはその選手が何をしたのかまったくわからず、まるで魔法を使ったかのように、一瞬で相手が地面に膝をつけて倒れているのです。

自分の人生で見たことがないものを目の前で見た、あのときの感動は今でも忘れられません。そして、同時に自分もできるようになりたい。できるようになったらカッコいいし、見ている人に感動を与えたいと思いました。

ただ一瞬の出来事すぎて、やり方なんてまったくわからない。かつ英語もまったくしゃべれなかったので、その選手に教えを乞うこともできない。そういう状況でしたが、ラッキーなことにその試合をチームがビデオに撮ってくれていました。

そこから僕は、ダビングしたビデオをめちゃくちゃ観ました。コマ送りを何回もして、どうやっているのかを自分で分析し、実践してみる。そして、その実践した姿をビデオで撮る。当時はスマホなんてものはないのでビデオカメラで撮って、家に帰ってから比較をして、違いを発見しては修正して、再度実践の繰り返し。形がなんとなくできてきたら、それを実戦で試していきました。

この繰り返しをひたすらやっていくと、気づいたときには僕の得意なプレーは「ステップ」となっていました。

なので、僕は誰かにグースステップを教わったことはなく、「真似事」から自分自身の力で習得してきたのです。

今であればYouTubeなどでグースステップをする選手の姿をすぐ観ることができ、スマホで自分の動きをその場で撮影し、比較ができるので、恵まれた環境だと思います。なので、僕みたいな指導者がいなくてもグースステップはできるはずなのです。実際にニュージーランドでは、みんな子どもの頃から憧れの選手のグースステップを真似しているため、教わることなく、当たり前のようにグースステップをしています。

それは実際に、グースステップなどを目にする機会が多いからなんだろうなと思います。

日本でもニュージーランドのように、グースステップなどを日本人の選手たちが当たり前のように繰り出し、それに子どもたちが憧れ、真似をして、浸透していってほしい。そんな想いがあります。

とはいえ、日本のラグビー界では、僕が指導するグースステップをはじめとするニュージーランド式ステップは「自分にはできないです」「ニュージーランド人だからできる」という考えがまだまだ根深いのが実情です。

そこで僕が感じたのは、「ニュージーランド人ができて、日本人ができないと思う理由はなんだろう?」ということ。同じ人間で、身体の構造も一緒で、スピードに関しても日本人はむしろほかの国に比べて速いといわれている。なおさらできない理由はない。ただやり方を知らないだけなんだと。日本人でもできる。そういうことをみんなに伝えることで、みんなのマインドを「できない」から「できるんだ」に変えていこうと。

またステップは「センス」というひと言でまとめられており、ステップが得意な選手、指導者のみなさんでもうまく言葉で伝えることができないという話をよく聞きます。

それはなぜか?

やり方をはじめ、なぜそれをするのかという言語化が、グースステップに関してはニュージーランドでもまだされていないからだと思います。

僕はステップが好きすぎるがゆえに、それを人に伝えるために動きのひとつひとつを分解し、言語化していくことができました。つまり人に伝えることができるようになったので、2015年からニュージーランド式ステップレッスンをはじめ、多くの選手に発信していくようになりました。

指導をしていくと、次のような声をよく聴きました。

・ステップを踏むがどうしてもDFを抜けない

・ステップの間合いがわからない
・自分の武器を手に入れたい
・オールブラックスの選手のようなステップをしたい
・ステップをきりたいがやり方がわからない
・ステップのコツを知りたい
・グースステップをできるようになりたい

つまり、ステップを武器にしたい、グースステップをできるようになりたいというニーズがあることがわかっていきました。

そして、僕がレッスンをすると指導者のみなさんが共通しておっしゃるのが、「自分が現役のときに知りたかった」のひと言！

なぜそのひと言が出るかというと、ステップはセンスではなく、やり方を理解すれば誰でもできるということをレッスンを通じて実感していただいているからです。

もちろん「やりたい」という意思があるのが前提ですが、誰でもやりたいと思えばできます。そして何歳からはじめても遅くありません。僕がステップに力を入れはじめたのは19歳で、37歳となった今でもまだまだ自分の伸びしろを感じ、成長し続けています。レッスン受講者の中には30歳をすぎてから挑戦し、習得し、実戦で活用している方もいらっしゃいます。

そのことを知らずに、「自分には無理だ！」と決めつけている選手、指導者が多いのです。

この状況を変え、日本にグースステップが浸透する世界を作るため、書籍にてこれまで積み重ねてきたノウハウをみなさんにシェアしていきたいと思います。

もちろん僕が書くことが絶対の正解ではないですが、ぜひ本書を参考にしていただき、最終的にはグースステップをはじめ、観ている人を感動させるオリジナルステップをみなさんに作っていただければ幸いです。

２０２１年2月　奈良秀明

第 1 章

ステップとはなにか？

日本で主流のステップは？

■よくある「忍者ステップ」

みなさんが「ステップ」と聞いてイメージする動きはどんなものでしょうか？

僕がレッスンで、受講者のみなさんにまず「現時点のステップを見せてください」と伝えて、実際にステップをしてもらうと、9割のみなさんがスピードを重視してマーカーにステップをしていきます。そのため、マーカー付近で小刻みに足踏みし、最短時間で減速してすぐ加速する動きや、速いスピードのままマーカーで足を斜め前に着いて一発で方向転換するという2パターンが多く見られます（図1‐1）。

このように日本のスポーツ界での「ステップ」は身体を速く動かす、または方向転換させるのが主流だと思います。いかに相手より速く動いて抜きにいくか。そのためスピードがより求められるので、僕はレッスンで「忍者ステップ」と表現したりしています。

その動きは母指球で接地して、減速ではなく、切り返しで加速をしていきます（図1‐2）。AからB地点に速く移動するという観点ではこのステップが有効だと思っています（図1‐3）。

また、速い切り返しにより相手の体勢を崩して抜いていくことも可能です。ラグビー日本代表の福岡堅樹選手のステップワークなどはよい例になりますね。福岡選手はズバ抜けたスピードを持ってお

図１－１

り、そのスピードを減速させることなく切り返しをしていくので、切り返しの際にDFは一瞬でも足を止めると、一気にスピードで抜いていかれてしまうのです。

このステップを習得するにはラダートレーニングや、いろいろな方向への切り返しのショートスプリントなどがお勧めです。このステップはDFとして相手の動きにリアクションして動く際には必須ですし、アタックとしても切り返しで速く移動するシチュエーションなどでとても大事だと思うので、ぜひ取り入れることをお勧めします。プラスアルファでニュージーランド式ステップを導入するとプレーの幅が広がり、みなさんの新たな武器となることを願っています。では、ニュージーランド式ステップはどういうものなのかを解説していきましょう。

図1－2

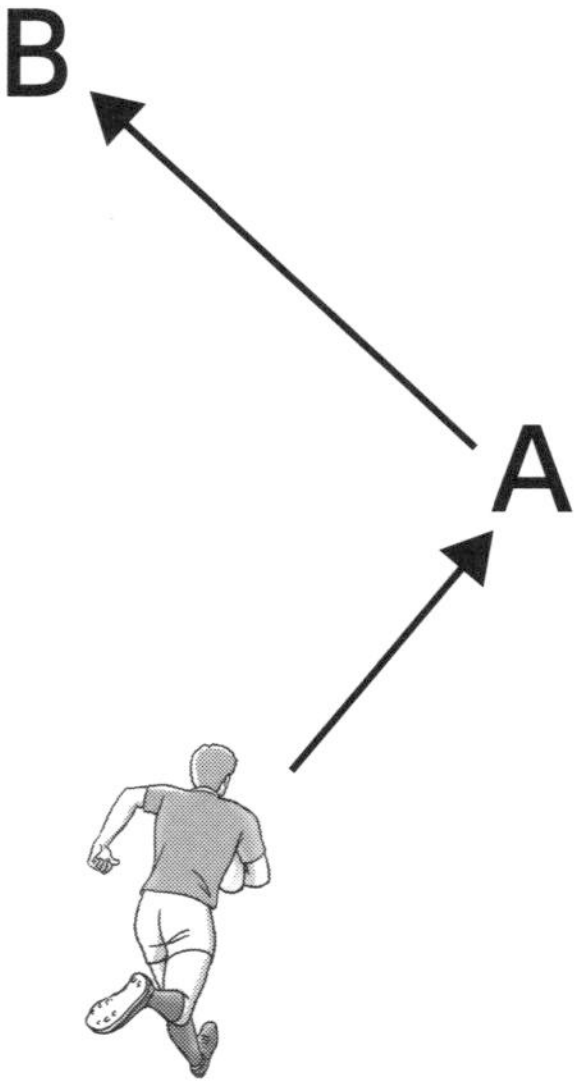

図1－3

ニュージーランド式ステップとは？

■グースステップとアイランダーステップ

ニュージーランド式ステップという言葉をみなさんは聞いたことがありますか？　多くの方がはじめて聞くと思います。なぜならば僕が作った言葉だからです。２０１５年からグースステップやアイランダーステップの指導をはじめ、その際に総称する名前が欲しいと思いました。僕自身がはじめてグースステップに触れたのがニュージーランド人選手のプレーだったことに加え、ニュージーランドに留学した際は本当に小さい子どもから大人まで当たり前のようにグースステップやアイランダーステップを踏んでいたので、ニュージーランド式ステップと名づけました。

ニュージーランド式ステップにはグースステップやアイランダーステップ、チェンジオブペースのグースなどが含まれますが、そもそもグースステップとは何かを説明していきましょう。グース（GOOSE）はダチョウを意味し、軍隊が足をピンと伸ばして行進する姿を見たことがあると思いますが、この行進の形式のひとつとしてダチョウ足行進があります（図１-４）。

ラグビーではオーストラリア代表１０１キャップのスーパーレジェンド、David Campese（ディビット・キャンピージー）という選手がグースの先駆けとなっています（図１-５）。

彼のチェンジオブペースのグースが有名ですが、現在ではチェンジオブペースのグースだけでなく、方向転換するグースステップやステップする前に身体を浮かせるアイランダーステップなどもオセアニア、ヨーロッパ、アフリカで多くの選手が駆使する光景を見ることができます。

アイランダーステップに関しても僕が命名しました。なぜアイランダーステップかというとフィジーやサモアなどのアイランダー（島国人）と呼ばれる人たちがよくやっているというとてもシンプルな理由です。

■子どもたちが憧れるコルビのステップ

現在、グースステップやアイランダーステップなどを駆使する有名な選手といえば、２０１９年ワールドカップで華麗なステップでチームを優勝に導いた南アフリカのCheslin Kolbe（チェスリン・コルビ）選手（図１‐６）や、グースステップといえばこの方、ニュージーランドのQuade S. Cooper（クエイド・クーパー）選手が有名です。小

図１－４　写真：アフロ

図１－５　©GettyImages

柄なコルビ選手がワールドカップ決勝で見せたグースからのステップコンボは、見ていた人たちに大きな影響を与えたのではないでしょうか。ワールドカップ以降のレッスンでは、子どもたちからコルビ選手のようなステップができるようになりたいという声をよく聞いています。

また元オールブラックスのNehe Milner-Skudder（ネヘ・ミルナー-スカダー）選手も日本のラグビー界では憧れる選手が多いです。

この3選手は日本でも有名ですが、僕自身が影響を受けた3選手とお勧めのステッパーも紹介します。

影響を受けた3選手はラグビーリーグ（13人制ラグビー）のBenji Marshall（ベンジー・マーシャル）選手とShaun Johnson（ショーン・ジョンソン）選手（図1-7）、ヨーロッパでプレーをしていたBilly Ngawini（ビリー・ンガウィニィ）選手です。そしてお勧め選手は、Kalyn Ponga（カイル・ポンガ）選手とChanel Harris-Tavita（チャンネル・ハリス・タビタ）選手です。ほかにもたくさんいますが、この5名を抑えておくとステッパーとしてはよいかと思います。この5名に共通しているのは、バックグラウンドにタッチラグビーがあるということ。タッチラグビーは、相手に触れさせずにかわすというスキルが身につけやすいと思います。触れさせず

図1-6　©GettyImages

に相手を抜けるということは、接触があるコンタクトラグビーでは大きな武器になることはみなさんも想像がつくと思います。そのため、ステッパーにはタッチラグビーがお勧めです。

■日本のステッパー

現在の日本でグースステップといえば、Youtuberとしても情報を発信し、注目されているラグビー7人制日本代表の林大成選手（図1-8）。実は林選手はニュージーランド式ステップレッスンの受講者で弟子（本人公認）なのです。林選手はもともとステップをする選手ではありませんでしたが、レッスンを通じて動きを習得しました。さらに自身で全国ステップチャレンジを実施し、実戦を積み重ねた結果、ニュージーランド式ステップを見事に自分の武器にしました。7人制ラグビーではスペースも15人制に比べるととても広いので、ステップは大きな武器となります。

図1-7 ©GettyImages

図1-8 写真：長岡洋幸／アフロ

林選手のステップにぜひ注目してください。

ほかには、元ラグビー日本代表の山田章仁選手も日本でのグースステップの先駆けとして有名です。サンウルブスで、元オーストラリア代表のイズラエル・フォラウ選手をライン際でグースを使って抜いたプレーは世界を沸かせ、僕自身も衝撃を受けたのを今でも覚えています。

■ ニュージーランド式ステップと日本主流ステップの違いは？

ニュージーランド式ステップと日本主流ステップの違いは、見ればすぐにわかると思いますが、ニュージーランド式ステップが違う動きをしていることはわかっても、具体的には何をしているのか、パッと見ではわからないという方が大半です。

前述した日本主流のステップと何が違うかというと、速く方向転換してスピードで抜いていく日本主流のステップに対して、緩急を利用して相手を誘導し、ズラすのがニュージーランド式ステップです。

ニュージーランド式ステップでは、相手をズラすための誘導にグースステップの足の入れ替えや、アイランダーステップでの上半身の揺れを駆使するため、トリッキーな動きとなるのが特徴です。

■ 足裏全体で着地するニュージーランド式ステップ

身体の使い方で大きな違いとなるのは、「身体を浮かせること」と「ステップ足の着き方」の2つです。

ニュージーランド式ステップでは身体を浮かせることで足の筋肉を弛緩させ、着地と同時に爆発的な力を発揮して、一気に切り返したり、加速したりできます。また浮いている人を見ると、人はどちらに動くかわからないので、足を止めたり、スピードを緩めたりということを無意識にしてしまい、それを有効的に利用しています。ステップ足の着き方に関しても、足裏全体を着くことによってブレーキと床反力を生み出したり、つま先の向きを進行方向に向けることで相手を誘導したりと、日本主流のステップとは異なる着き方をします。日本主流のステップでは、つま先は正面もしくは次の進行方向に向け、かつ足裏全体ではなく、母指球からつま先にかけて接地します。

このように身体の使い方はまったく違うものとなっているのです。詳細については、のちほど記述していきます。

ニュージーランド式ステップは最強？

■緩急によってDFを混乱させる

ニュージーランド式ステップは最強といえます。なぜかというとグースステップ、アイランダースステップは、前述したように身体を浮かせることで相手にとってわかりづらい状況を作れるのと、それぞれの動きにステップとチェンジオブペースの2つの選択肢を持ってプレーすることができるからです。

チェンジオブペースとは何かというと「緩急」です。スピードを減速してから加速することによって、DFの動きを一瞬止めたり、減速させたりしたところで加速とズラすことが可能な、とても効果的な動きとなります。

このチェンジオブペースを使いこなすだけでも、DFにとっては非常に守りづらくなるので、僕個人としてはとてもお勧めです（※チェンジオブペースの項目にてより細かく説明します）。

では、この同じ動き出しから2つの選択肢があるとなぜ最強なのでしょうか？　DFからするとギリギリまでステップするのか、そのまま加速して走っていくのかがわかりづらいためです。そしてアタック側にとっては、相手の立ち位置や体勢をギリギリまで見て判断することができるからです。

■トップリーグの外国人選手も使っている

日本のラグビートップリーグでバックスの外国人選手がステップやチェンジオブペースでDFラインを突破するシーンをよく見ます。身体の大きさや強さが目立ち、強さで突破していると思われがちですが、ほとんどがこのニュージーランド式ステップを使っており、DFのズレを生み出し、さらに強さがあるため、抜き切れているというのが僕の見立てです。本書を読んでいただき、理解した後にそのシーンを見ていただくと、「おぉ～ホントだ」となることでしょう。

もちろん相手を抜くためにはほかにも必要不可欠な要素があるので、ニュージーランド式ステップをすれば必ず抜けるわけではありませんが、要素を理解したうえでプレーすると、楽しくて仕方ないとなることでしょう。

実践できると試合中どんなときに効果があるのか？

■ニュージーランド式ステップが特に使いやすい3つの状況

まずよく質問されるのが、「どんなときに使ったらいいですか？」ということです。この質問に対する僕の回答は「いつでもどこでも使えます」です。もちろん試合の中で数的有利ができているときなどはステップをする必要がありませんが、数的有利ができていない状況であればいつでもどこでも使うことができるし、効果的だと思います。

どんな効果があるか、いくつか例をあげます。

①バックスラインで数的有利ができていない状況

・グースなどのチェンジオブペースを使って、対面のＤＦの足を一瞬止めることで、自分に対しＤＦを２人引きつけることができます。さらに数的有利の状況を作り出すことができ、パスでつないでゲインします。またはタックルポイントをズラすことで、自身がボールを前に運んだり、オフロードに有利な体勢に持ち込むことができます。

・ステップをすることで対面のＤＦをズラし、スペースに走り、ゲインできます。対面のＤＦをズラした時点で数的有利が生まれるので、空いたスペースにパスをつなげてゲインすることもできます。

②フォワードで縦に突く状況

・ステップすることで対面をズラし、確実にDFラインを一歩以上前にゲイン。スペースに向かって入るだけではDFも予測しやすく、しっかり2人で対応されてしまいます。しかし対面をズラすことで、対面のDFはタックルの姿勢が崩れるとともに、2人目にとってスペースに入ってくるときよりも距離ができてタックルの姿勢が崩れやすくなるため、ゲインまたはパスの判断がしやすくなります。

③DFラインを抜けた後の1対1の状況

・この状況はとてもわかりやすく、ステップやチェンジオブペースが使えて、効果を発揮します。

もちろん、ほかのシチュエーションでも効果的に使うことは可能ですので、ぜひいろいろなシチュエーションで試してみてください。

■ステップで共通する相手を抜くために必要なもの「間合い」「コミット」「角度」

ステップで相手を抜く。ラグビーをはじめ、対人球技において誰もが憧れ、求めていることだと思います。

相手を抜けるとき、抜けないときがもちろんあり、それは自分自身や相手の動きで変わってきますが、抜ける条件がそろうとニュージーランド式ステップに限らず、どんなステップでも相手を抜くことができると僕は思っています。

僕自身の考えとしては、相手を抜いたり、ズラしたりできたのであれば、それはどんなステップであれ正解だと思っているので、みなさんにはぜひ、現時点のご自身のステップを大切にしていただきたいです。もちろん僕が指導するニュージーランド式ステップが効果的かつ華やかなので、お勧めですが。

では、相手を抜くにあたって、どのステップでも共通する条件は何かというと、「間合い」と「コミット」、そして「角度」の3つです。この3つがそろうとステップで相手を抜くことができると思っています。

では、「間合い」と「コミット」「角度」に関して説明していきます。

■あなたの間合いはどのくらいですか?

間合いを辞書で調べると、「何かをするのに適当な距離や時機、わずかな休止時間のこと」と出てきますが、ステップにおいての間合いは、自分がボールを持って仕掛けるときの相手との「距離」となります。この間合いが近ければ、相手に近づくことになるので、捕まったり、触れられたりする確率は高くなります。遠いとステップを踏んでも距離があるので、相手が誘導されず、追いかけられやすくなります。そのため相手に触れられない適切な間合いを知ったうえで、ステップを踏めるとよいと思います。

レッスンで一番はじめにチェックして、指導するのがこの間合いについてですが、ここでみなさんに質問です。「自分の間合いはどのくらいですか? または自分の間合いが確立されている方はいますか?」

いかがでしょうか？　レッスンでこの質問に回答できるのは受講生の1割ほどです。みなさん頭の中での理解としては間合いが大切ということをわかっているにもかかわらず、実際にステップするときにはそれほど間合いに関して意識をされていないことが多いです。

■間合いを意識するだけで劇的に変わる

そのよい例として、レッスンでは間合いとステップをチェックする1on1（※第4章で紹介しています）を最初に実施するのですが、トライ率はだいたい1～2割です。ステップの形をとても気にして、形ができていないから抜けない、自分にスピードがないから抜けないと思っている方が、この1on1を行うと多いなと感じます。しかし僕が見ている限り、ステップ自体はよいのに、この間合いを意識していないだけで、相手に捕まっているパターンがほとんどです。

そこで、僕はひと言伝えます。「この1on1でトライできる確率は約8割です」と。みんなは「えっ!?」という表情をします。そして、「ステップはそのままで、ひとつのことを変えるだけでトライのチャンスは増えます」といいます。するとただ勝負をしていた選手たちが、考えはじめます。気づいてトライを獲れる選手がパラパラと増えていき、そのタイミングで再度質問をします。「何を変えたのですか？」。気づいた選手は答えます。「間合いを変えました」。そこから気づいてなかった選手も間合いを意識して取り組みます。すると、トライ率は5～6割に増えます。ここまでの流れは3～5分です。たった3～5分でトライ率が1～2割から5～6割に増えるのはすごいことですよね。それだけ間合いが重要であるということがわかる事象だと思います。

よいステップを持っていて、自信を持っていいのに間合いを知らないだけで、自分はステップができないと感じてしまう。それはとてももったいないですよね。

前述したステッパーたちですら、この間合いを誤るとどれだけすごいステップをしても相手に捕まってしまいます。逆にいえば、DFは相手が仕掛ける前にいかにこの間合いを詰めていけるか。仕掛ける前に間合いを詰められれば、かなり有利な状態にもっていくことができます。この間合いの駆け引きが毎プレーで起きていて、面白さのひとつとなりますね。

■適切な間合いを取ることの重要性

間合いがなぜ重要なのか。もうみなさんには理解していただけたのではないでしょうか。

ここで僕がレッスンで伝える一例を紹介します。

侍を想像してください。侍は刀を持っており、その侍同士が居合切りの1対1の勝負をするとします。相手を切りつけるためには刀を抜く間合いが重要になりますね。

・もし相手との距離が近すぎる場合、何が起きるでしょうか?

相手の懐に入れたとしても、近すぎて鞘から刀を抜き出すことができず、相手を切ることができないですね。

・もし相手との距離が遠すぎる場合、何が起きるでしょうか?

刀の届かないところで、刀を振り回し、相手を切ることはできないですね。

・もし適切な距離の場合、何が起きるでしょうか。

刀が相手に届き、切りつけることができ、見事に相手を倒すことができますね（図１‐９）。

ステップも刀と同様の武器です。間合いを間違えるとどれだけすごいステップを持っていても相手を倒す（抜く）ことができないことがわかりますね。それだけステップでも間合いが重要だということです。

ここで知っておいてほしいのは、刀の長さや形、型は人それぞれ微妙に違うということです。また侍自身の腕の長さ、身長も違うので、それぞれの間合いができます。それは相手もしかりなので、相手に合わせて自分の力を最大限に発揮できる間合いが必要になります。刀＝ステップとして置き換えても同じことがいえると思います。自分のステップの特徴、身長、スピード、相手の身長、スピードなどを考慮して間合いを決めていきます。

図１－９

■実戦を繰り返して感覚を養う

また武器（ステップ）の種類を増やすことで、相手との距離や位置に応じて対応もしやすくなります。

この間合いを習得していくためには、まずは自分の間合いの目安を確立し、いろいろな相手との実戦が必要になります。ぜひステップした際、成功したとき、失敗したときの間合いがどうだったかを振り返って、意識していただくとよいと思います。

間合いに関してはステップに限らず、パス、キック、ハンドオフ、タックルでも同じく重要になるので、そちらにもぜひ目を向けてみてください。

間合いの測り方

■間合いの目安は「相手に触れられないこと」

前述したとおり、レッスンにおいて、自分の間合いがわからないという方が多く、間合いはそれぞれの身長や、ステップの種類によって異なります。しかし、目安がない状態で探っていくのは時間がかかるので、絶対ではないですが、僕がお勧めする間合いの目安の測り方を紹介していきます。

現時点で、間合いでＤＦを抜くことができている方はそのままの間合いでぜひ突き進んでいってください。それに加えて、目安との誤差を確認するのもひとつの手です。

ちなみに僕が紹介する間合いの目安は、「相手に触れられないこと」を前提にしています。

レッスンでも、「相手に触れられた状態で抜く場合と、触れられずに抜く場合ではどちらがよいですか？」と聞くと、１００％の確率でみなさん後者がよいと答えます。それはそうですよね。触れられた時点で減速したり、捕まったりするリスクが増えるのですから。

自身の間合いはあるにもかかわらず、ステップを踏んでも捕まってしまう、もしくはステップの後に抜けてもＤＦに触れられて失速し、別のＤＦにすぐに捕まってしまう。そういう悩みを持つ方も今からお伝えする間合いを一度試してみてください。

■自分の間合いを確認してみよう

相手に触れられない間合いの目安は、「自分の身長＋腕の長さ」です（図1－10）。

■測り方

①ＤＦとなる人もしくは物を指で触り、腕を伸ばしながら、うつ伏せになる。
②足の位置を変えず、立ち上がる。
③足の位置にマーカーを置く（図1－11）。

これが絶妙な距離感となるのです。

ＤＦとなる人が大きく片方の足を踏み出し、触ろうとしても触れることができません。

これをアタック側が小股で一歩踏み込むと、ＤＦに触れられます。たった一歩です。逆に一歩後ろだとステップに引っかかりづらく、追われやすくなります。スピードとスペースによっては、２～３歩後ろでステップしても有効なときはあります。例えば、ＤＦラインを抜けた後のフルバックとの勝負のときなどはこれに当てはまると思います（図1－12）。

図1－10

図1-11

図1-12

自分の間合いを確認したら、実際にその間合いでステップをしてみましょう。２人組で行うとよりわかりやすくできるのでお勧めです。ＤＦがいなければ、木や電柱、コーンなどで代用することも可能です。

①目安のマーカーを置いたら、５メートルほど後ろに下がる。

②ＤＦは立ったまま両手を広げて待つ。

③走りながらマーカーの位置でステップを踏む。

最初はマーカーを見ながらステップし、慣れてきたらＤＦを見ながらマーカーの位置でステップを踏むようにしていきます。

※このときＤＦはアタックの間合いをチェックし、覚えておいてください。

動画で確認

５～10本ステップをしたら、普段の自分の間合いと比較してみてください。出る答えは次の３つになると思います。

①いつもより遠い。

②いつもより近い。

③いつもどおり。

①の方。普段の間合いが近いかもしれません。
↓ステップ後DFに触れていませんか？　またはステップを踏む際、DFに当たることに重きを置いていませんか？
②の方。普段の間合いが遠いかもしれません。
↓ステップをしてもDFがズレず、追われていませんか？　または追われないために2ステップしていませんか？
③の方。いいですね。
↓普段からステップの後、次のプレーのオプションに余裕をもって移れているのではないでしょうか？　また、比較的DFをズラせているのでは？

このようにチェックすることができます。

■ DFがプレッシャーをかけてより実戦的に

このチェックが終わったら、次はDFに前へプレッシャーをかけてもらいます。マーカーを外し、お互いの距離を10メートルにします。動いているDFに対して、目安の間合いでステップをする練習です。
①アタック、DFともにお互いに向かっていく。
②DFは両手を広げてまっすぐのみに動く。
③アタックは目安の間合いのところでステップを踏む（図1-13）。

このときDFは、アタックが目安の間合いでステップできているのかをフィードバックをします。

いかがでしたか?

レッスンでは、8割近くの選手たちが「身長+腕の長さ」の間合いをいつもより遠いと感じて、驚きの表情を見せてくれます。たった一歩の違いで、同じステップでも効果が変わるのです。

この間合いは、縦と斜めに走るシチュエーションともに目安になるので、ぜひ試してみてください。

動画で確認

図1-13

よい間合いでしか
ステップをしてはいけないのか？

■自分の間合いでなくとも「コミット」と「角度」で対応可能

ステップをするにあたって間合いは大事です。そのことはこれまでの説明でご理解いただけたと思います。しかし、ここでさらに疑問が出てきます。レッスンでもよく質問されるのですが、それは「必ず、この間合いでステップしないといけないんですか？」ということです。

みなさんはどう考えますか？

僕の回答としては、「NO」です。

毎回この間合いでステップを踏まなければDFを抜いたり、ズラしたりできないというわけではありません。間合いが近くてもほかの条件である「コミット」と「角度」がそろうことで、ステップで抜いたり、ズラしたりすることはできますし、自分のスピードや相手の体勢、シチュエーションによっても変わってきます。

実際にニュージーランドや日本のトップリーグの試合では、間合いが狭い場合でもDFを抜いているシーンを見ることがあります。間合いが近い・遠いからダメということではないことがわかりますね。

ただ、よい間合いを知っておくことで相手に触れられずに勝負をすることができます。プレーの中で、自分の間合いが確保できるのであれば、その間合いでステップを踏めばよく、仮に間合いが近くなったらそれに合わせて対応をしていけばよいのです。

■ 間合いが近いときはステップバック

では、間合いが近くなってしまったとき、触れられずに相手を抜く、ズラすにはどうすればよいのでしょうか?

ひとつの方法としては、「ステップの角度」を変えることです。

通常、ステップした後は、前または斜め前のスペースに向かっていきますが、間合いが近いとそのまま前進しても、ＤＦの腕が届く範囲になってしまいます。そのためユニフォームをつかまれたり、そのまま片腕で捕まったりしてしまうパターンがよくあります。

もちろん体重があり、当たりが強く、片腕でつかまれた程度ならＤＦを吹き飛ばしていける選手であれば、そのままスペースに向かって前進しても僕はよいと思います。しかし、レッスンの際に多くの選手から聞くのは、パワープレーを強みとする選手はバックスには少なく、できることであれば触れられないで抜いていきたいという要望です。

触れられることを防ぐためには、ステップした後に身体を真横または斜め後ろに移動させること（ステップバック）が重要です。この動きによって、相手との距離を確保できるので、ＤＦの残った片腕を避けることができます（図１－14）。

ステップの角度を真横、斜め後ろにすることでＤＦに触れられずに抜く、ズラすことができますが、一点デメリットがあるので気をつけてください。

それは、前へ行く力がどうしても弱くなってしまうことです。ステップバックをすると真横・斜め後ろへ行くため、一旦逆方向に行って減速してからの前進になるので、どうしても動き出しは通常より遅くなります。また横のＤＦが近いときは、斜め後ろ方向に行った瞬間にタックルされる危険性があります。そのまま後退し、相手にとって有利なラックとなってしまう可能性があるので、状況を見て、判断することをお勧めします。

■ 間合いが遠いときは２ステップ

また間合いが遠い場合は、ＤＦがステップで体勢こそ崩れても、抜かれるまでの距離があるため、体勢を整えて追いつく時間があり、抜き切れないことが多いと思います。もちろん足がとても速く、横にスペースがあるのであれば、そのままスピードで抜いていくことも可能です。

動画で確認

図１－１４

圧倒的なスピードを持つというのがひとつの解決策になりますが、なかなか全員がそういうわけにはいきません。

間合いが遠い場合、相手を抜く方法のひとつとしてあげられるのは、ステップを連続で行う2ステップです。

2ステップの最初のステップでDFの体勢を片方に誘導し、2ステップ目で崩した状態を作り、抜く、ズラす。とても効果的ですが、2回ステップするのは1回で勝負するより、減速と力をより多く使うということを頭に入れておきましょう。

前述のとおり一例ではありますが、間合いが近かったり、遠かったりしても対応することができるので、一概に毎回よい間合いである必要はないとご理解いただけたでしょうか。ただ、しつこいようですが、相手に触れられない間合いを知ったうえでプレーするのと、しないのでは大きな違いがあると思いますので、「間合い」を常に意識することをぜひお勧めします。

「コミット」とは何か

■コミットを理解するとなぜ抜けないのかが自分でチェックできる

相手を抜くにあたって、どのステップでも共通してくる3つの条件である「間合い」と「コミット」、そして「角度」。間合いについては前項でご理解いただけたかと思います。実際にお勧めする間合いでステップを踏むことで、景色は変わってきたのではないでしょうか。この間合いの感覚をつかみ、スピードでかなり相手を上回っていれば、抜くことも可能です。しかし間合いだけでは、必ずしもＤＦをズラし、抜くことができないことも同時に感じているのではないでしょうか。そこで必要になってくるのが「コミット」への理解です。コミットを理解すると、自分がなぜ抜けないのかを自分でチェックすることができるようになります。

■ステップにおける「コミット」とは？

ステップで相手をズラす、抜くにあたって必要な条件のひとつである「コミット」とは何か？

辞書でコミットを調べてみると「コミットメント（Commitment）」。「約束する」「責任をもつ介入」「積極的に関わる」といった意味で使われることが多いそうです。

「約束」？「関わる」？となるとイメージがわきづらいですね。

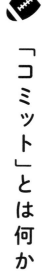

ラグビーやタッチラグビーにおいて使われるコミットは、「責任をもつ介入」が一番近いのではないかと僕は思います。僕自身もオーストラリア、ニュージーランドにタッチラグビー留学し、海外で指導を受けていましたが、この「コミット」という言葉を聞く機会が多くありました。

どんなときにコミットという言葉を聞いていたかというと、アタックで数的有利の際、「DFをコミットして、パスをしなさい」とコーチはよくいっていました。この場合のコミットは、目の前のDFに対して仕掛け、DFの足を止めるという責任を持つこと。その結果DFがスライドできず、スペースを確保した状態で数的有利を生かしてトライまで決めきることができます。僕自身、このことを理解できるようになると、DFをある程度意図的にコントロールできるようになりました。

ステップにおける「コミット」を簡単にいうと、「DFを走らせ、自分を追わせること。または足を止めること」です。ただ追わせるのではなく、理想は自分に向かって最後の一歩をダッシュさせるか、最初からずっとDFをダッシュさせること。またはDFの足を止めて、相手より速く動くことです。このコミットをするとステップの成功率がまた上がります。間合いの項目で、1on1ゲームにて間合いを意識するとトライ率が5〜6割に上がるとお伝えしましたが、このコミットが加わると7〜9割にまで上がります。

なぜDFにダッシュをさせるとよいかというと、DFがダッシュしているときに、ボールキャリアは止まるだけで、DFはボールキャリアを追い越してくれるからです。追い越す＝目の前からDFがズレていなくなるということなので、そのまま前にスペースができて、抜くことができます。

シンプルですが、人はダッシュをしたら急には止まれないことを理解してください（図1-15）。

■有利なボールキャリアに対しDFはどう守りたいのか

そして、これまた知っておいた方がよいことのひとつに、「ボールキャリアとDF、どちらが有利か?」ということがあります。

よくレッスンでも質問するのですが、みなさんはどちらだと思いますか?

そうです。ボールキャリアが有利ですよね。なぜかというと、ボールキャリアは自分でどこに走るかを選択し、動くことができるのに対して、DFはボールキャリアが選択した動作についていかないといけない。つまりは自分の意志で動くのではなく、ボールキャリアに合わせて動かなければなりません。その結果、ボールキャリアよりも一瞬遅れてしまいます。まずは、ボールキャリアの方が有利であるということを知っておくことが重要です。

そして同時に、DFが何をしたいのかも知って

図1-15

おきましょう。

ラグビーの場合、ＤＦはボールキャリアをコントロールできるドミネイトタックルをして、ボール争奪の機会を作ります。そのためには、まず足を動かし続けなければなりません。動いている相手に対して足を止めると遅れが生まれ、ドミネイトタックルができないからです。さらに内側のコースを消し、アタックの選択肢をひとつにさせた状態で、間合いをつぶして、タックルに入る瞬間に加速してとらえる。その際ダッシュで追うことをせず、身体はアタックに対して正対し、足を大きくクロスしない状態で動けるのが理想だと思います。ダッシュしないことで横のＤＦとのスペースも一定に保てるため、さらによいポジションでタックルに入ることができます。

しかし横にダッシュすると、この正対が保てず、足をクロスすることが多くなり、ボールキャリアの正面、または追い越した位置に入ってしまい、ボールキャリアに内側への選択肢を与えてしまいます。また一気にダッシュすると、そのぶん横のＤＦとの連携が崩れやすく、スペースができやすい状況になります。こうした状態になるのをＤＦは防ぎたいのです。

■ＤＦをダッシュさせるために

それではＤＦをダッシュさせるコミットをするためには、どうすればよいのでしょうか？

それはとてもシンプルなことで、まず自分が走ることです。自分が走ればＤＦはついてきます。基本的にＤＦはボールキャリアの内側にいることが多いので、ダッシュすれば、斜め前に上がることができず、真横への移動になりやすくなります。ＤＦが真横へ移動をすると、ボールキャリアには内側と外側の2つのコースが生まれます。アタックにとっては選択肢が2つの方が攻めやすく、DFは逆にひとつの方が守りやすいですよね。DFが斜めに上がってくる場合は内側のコースを消しながら詰めてきますが、そのぶん外側へ走られて抜かれるリスクも背負っています。そこで駆け引きが生まれるのです。

まずはスペースに走ってみます。それでもDFがついてこない、もしくはついてきても遅れているのであれば、そのままスペースに走り続ければ相手を抜くことができます（図1‐16）。

DFがしっかりついてきて、ダッシュしている。または走りながら自分の正面にいるか、自分を追い越しているのであれば、ステップするという2つの判断が出てきます（図1‐17）。

このように判断はとてもシンプルで、わかりやすい状況の場合は対処がしやすいと思います。しかし実際には、わかりやすい状況ばかりではあり

DFがついてこれていない
場合はそのまま抜く。
図1－16

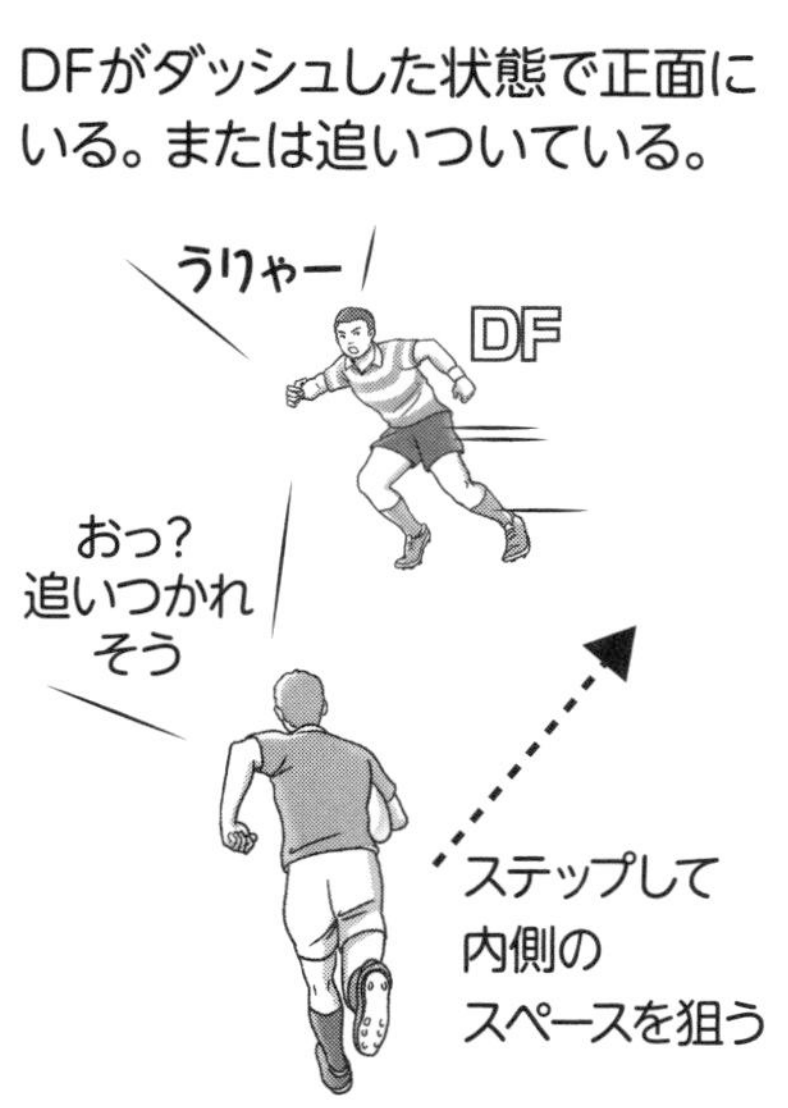
DFがダッシュした状態で正面にいる。または追いついている。
うりゃー
DF
おっ?
追いつかれ
そう
ステップして
内側の
スペースを狙う
図1－17

ません。守り方のうまい選手もおり、真横への移動でもダッシュをしないように、または内側のコースを消して詰めてくることがあります。このようなケースでは、ステップをする際の最後の一歩でDFを真横にダッシュさせ、体勢を崩させるのです。

この最後の一瞬でDFをコミットして抜けると最高に気持ちよく、ステッパー冥利に尽きます。このように、一瞬でコミットすることを「瞬殺コミット」と命名しましょう。

瞬殺コミットを極める

■DFに向かって走り選択肢を増やす

前述の瞬殺コミットができると、DFの足を止めるコミットもできるようになります。

前項に記したように、DFは足を止めたくありません。なぜかというと、足を止める=ゼロの状態から動かなければならないので、動き出しが遅れますよね。そのためギリギリまで足を止めざるを得ない状況を作られると、DFにとってはとても嫌だと思います。

その方法はとてもシンプルで、DFに向かって走るのです。DFに向かって走ることで、DFは内側のコースを消すといった選択肢をひとつに絞ることができなくなります。つまりボールキャリアは右も左も選択できる状態になります。さらにまっすぐ自分に向かってくるボールキャリアに対して横に動けば、トライラインまで最短距離のスペースを相手に与えることになります。ゆえにDFは足を止めてそこに居続けなければなりません。

これはウィングなどの外のポジションや、フォワード等DFが密集していて一歩でも前進が求められるときにとても有効な動きとなります。

■瞬殺コミットの要はフェイント

この瞬殺コミットをするためには、みなさんも耳にしたことのある「フェイント」が必要です。フェイントとは、「相手の意表を突く（タイミングを外す）見せかけの動作や攻撃」と辞書にはありますが、まさにこのフェイントでひっかけ（騙し）、最後の一瞬でDFをコミットします。

「フェイント」にはいろいろな動きがありますが、ニュージーランド式ステップでは、緩急を使い、スピードを緩めた状態から最後のステップをする瞬間に、身体全体を進行方向へ一気に速く動かし、進むと見せかけて、ブレーキをかける方法があります。

このフェイントをかけると、DFは細かい足の運びでジリジリと間合いを詰めていても、ボールキャリアの最後の速い動きに反応し、捕まえるために加速した方向に身体を運んでしまいます。そのときには、ボールキャリアはブレーキをかけており、DFがステップだと気づいたときには身体は逆側にあり、ズレが生まれていることになります。

■目から得た情報が迷いを生み出す

ではなぜ、瞬殺コミットができるのでしょうか？

スポーツにおいて、選手はプレー中に情報の多くを目から取り入れていて、その情報から自分の動きを判断していることが多いです。プレーの中で何かを予測するにしても、目の前にある状況を見て、過去の経験などを瞬間的に引き出し、考慮して動く。これを一瞬で実行しています。それだけ目から入る情報はとても重要なのです（※もちろんほかにも耳や鼻など五感も使っていると思います）。その目から入る情報が近くで速く動くものとなると、人の身体は無意識に反応してしまいます。結果、最後の瞬間に速く動くフェイントにひっかかるのです。

無意識に反応してしまう例として次のようなものがあります。何も意識をせずにいる状態で、50センチほどの距離で目の前の人が素早く手を振り上げたら、みなさんは叩かれると思い、ビクッと身体が反応しませんか？　これが2メートル以上離れた位置で同じ動きをされても、反応は弱くなり、「おっ、どうした？」と余裕をもって突っ込むことでしょう。また、「近くでも反応しないよ」という方は、自分の中でフェイントが来るから引っかからないようにしようと意識している状態を作っていませんか？　わかっていればフェイントに引っかかりません（図1-18）。

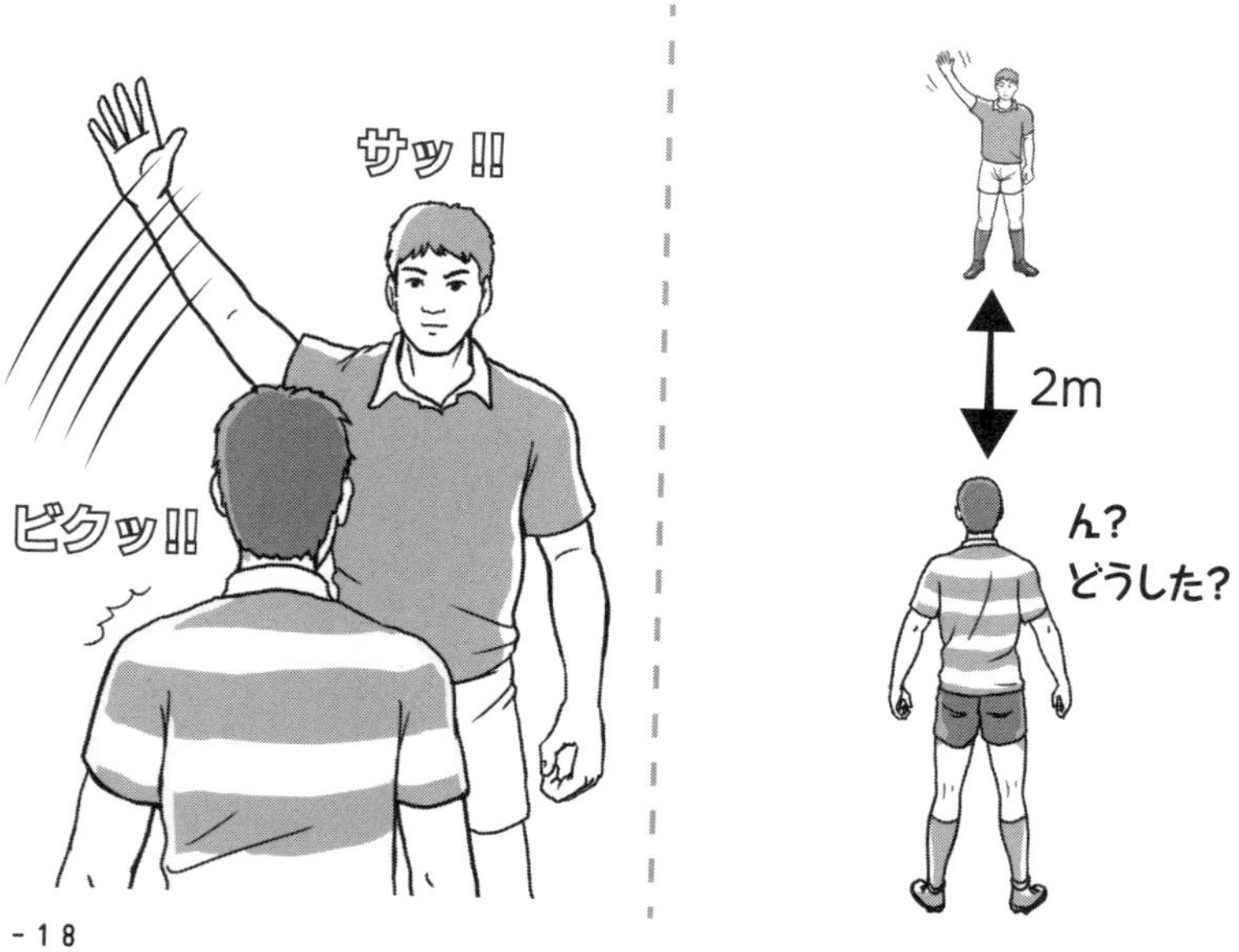

図1-18

この目からの情報にプラスして、「相手はどちらに動くのだろうか」という迷いも、さらにフェイントに引っかかる要素になっていると思います。

なぜかというと、迷いなく外側だけだと思っていれば、相手がフェイントをかけようが、目から入るフェイントの情報を遮断して動き続けることができますが、迷いがある場合はどちらに動くかを目で最後まで見て判断することが多いと思います。この判断の際に、人は動きを止めたり、スピードを緩めたりします。目で最後まで見て判断する状況を作った場合は、フェイントに反応しやすくなるということです。

つまりフェイントと迷いが、瞬殺コミットを生み出しているのです。

迷いを生み出すパターンは2つあります。ひとつは身体を浮かせるなどのテクニックを使って動作として生み出すパターン、もうひとつは布石を打つなど心理的に生み出すパターンです。ひとつ目のテクニックに関しては、ニュージーランド式ステップでは身体を浮かせるというテクニックを使ったり、スピードを9〜10割ではなく6〜8割で動くなど、スピードの緩急を使います。また、フェイントのための身体の使い方やブレーキのかけ方なども重要になりますが、それはこの後の「身体の使い方」の項目などで説明していきます。

■布石を打ってさらにDFを混乱させる

では、2つ目の布石を打つとは何でしょうか?

「将来のための備え」を意味する「布石」という言葉ですが、布石を打つとはあらかじめ策を用意しておくこと。後の事がうまくいくように、前もって備えることを意味します。伏線を張るともいえますね。ではステップにおいて、前もって備えるとはどういうことでしょうか?

ステップで抜くためのシンプルな例をあげると、最初はスピードで勝負します。すると、「抜ける」「ギリギリ捕まる」「簡単に捕まる」の3パターンの結果が生まれます。DFの心理としては「抜ける」「ギリギリ捕まえる」の場合、「次も外で抜かれるかもしれないから早めに追いかけよう」、もしくは「ポジショニングを外にしよう」「隣のDFに事前に寄っておいてもらおう」など、外への意識が強くなるはずです。さらに、DFにこの意識を強くさせるために外で勝負し続けます。するとDFの頭の中は「外」のみの意識になって、内側への意識が弱くなり、このタイミングでステップをすると決まりやすくなるのです。これがステップで抜くための布石を打つということです。

では外も抜かれて、内も抜かれてとなるとDFの心理はどうなるでしょうか? 当然、「次は内と外、どちらで来るのだろうか?」という迷いが出てきます。ここまでいくと、アタックをかなり有利に運べるようになります。

これはあくまで一例で、実際はこの布石を打つ回数は1回かもしれないし、5回かもしれません。DFの対面も毎回同じ選手ではないので、相手チーム全体に外で勝負するというイメージを植えつけることができるとよいですね。

もちろんステップを最初に見せるというパターンもよいと思います。ニュージーランド式ステップは動作として迷いを生み出せるので、とても効果的かつ便利なステップワークとなるでしょう。

僕はチェンジオブペースのグースを見せて、外への意識を植えつけた後に、グースステップでズラすパターンが便利なため、試合でよく使っています。

「角度」を極めよう

■よい角度＝DFがいないスペースに行ける角度

3つの条件の最後となるのが、「角度」です。よい間合いで相手をコミットしてステップをすれば大概抜くことができますが、そこに適した角度がついてくると、より意図的かつ安定した仕掛けができ、抜けるようになります。

では、適した角度はどのくらいなのかという疑問が出てくることでしょう。レッスンでも「どのくらいの角度だとステップで抜けますか？」という質問を受けます。「DFがいないスペースに行くことができる角度」というのが僕の回答です。これは間合いと同じように、この角度でステップをすれば必ず抜けるというものではありません。DFの位置、体勢、スペースといったシチュエーションによって変わってきます。

例えば、間合いがかなり近いときに瞬殺コミットができていたにもかかわらず、抜くことができなかったパターンの場合、これは角度が鈍角すぎて足りなかったのだと推測できます。間合いが近ければ近いほど内側のコースはなくなるので、そのぶん角度を鋭角にする必要があるのです。逆に鋭角すぎて隣のDFに向かってしまい、ドミネイトタックルを受けるなどの例もあります。

このように、シチュエーションに適した角度が必要なのですが、目安として大きく5つの角度のパターンがあるので紹介します。数字に関しては、あくまでおおよそであることをご理解ください。

①130度
②90度
③40度
④0度
⑤160度

ここから①〜⑤のそれぞれの角度について説明しますが、これはあくまで目安です。ちなみに5つの角度の中で理想となるのは、①の130度です。

■①130度

130度は斜めに仕掛けてステップした後、トライラインまでの最短ルートに向かうパターンです。DFにとっては一番嫌な角度になります。なぜなら、隣のDFにとっては味方がいた位置にボールキャリアが走るので、最長ルートとなるからです。しかし、この角度でDFに触れられずに抜くには、DFがめちゃくちゃコミットされ、ボールキャリアを追い越し、かつ相手の足元を大きく崩すアンクルブレークで倒れていた場合となり、かなり精度の高い瞬殺コミットが要求されます。ゆえに瞬殺コミットが少しでも弱いとコンタクトが生まれるので、多くの選手が②の90度を選択しています。

しかし、フィジカルが強く、一歩でも前進したい選手にとってはコンタクトで多少失速するものの、ゲインラインを突破する意味では効果的な角度となります。

ステップして、ＤＦが前にいなければＯＫ、瞬殺コミットが完全にできていなくても、ＤＦを少しズラし、相手のウィークショルダー（※タックルしてきた逆側の肩）を狙って、縦に行くことができるからです。

15人制ですと、展開した際にＤＦ同士が近いときなどは効果的です。

また、１３０度は縦に仕掛けてステップする縦系ステップの場合にも必要な角度となります。

縦系ステップの場合は、この１３０度がステップした後にちょうど身長＋腕の長さの間合いを保てる角度になります（※間合いで紹介したドリルで縦にマーカーを置きましたが、ＤＦの横には同じように身長プラス腕の長さでマーカーを置くと、この１３０度のステップとなります）（図１‐19）。

なぜ間合いを保つことができる１３０度がよいのでしょうか？　それはこの角度でステップをしたときは相手との距離が十分にあり、この距離があることでボールキャリアにとってステップ後の選択肢を多く持つことができるからです。

図１‐19

では、その選択肢とは何でしょうか?

それは、ラン、パス、キック、ハンドオフ、強い体勢でのコンタクト、ステップがあげられます。

これらはＤＦとの距離があるから準備ができ、より精度高くプレーすることができます。もちろん距離がなくても、ラン、パスなどはできますが、プレッシャーがかかって精度が落ちたり、ハンドオフできず、そのままコンタクトする選択肢しか選ぶことができなかったりとリスクが生まれます。もし選ぶとしたら、どちらを選びますか?（図１-20）

■②90度

斜めに仕掛けた場合のお勧めはこの90度です。よい間合いでステップをすることが前提ですが、この角度はＤＦに触れられるリスクが少なく、スペースに向かうことができるので、ディフェンスラインを突破、かつ相手との距離を保ち、前述の選択肢を持ってプレーできます。

仮にコミットが弱く、ＤＦが追いかけてきても距離があるので、次の対処の準備ができます。

15人制の場合、展開した際にＤＦ同士の間隔がある場合などは効果的です（図１-21）。

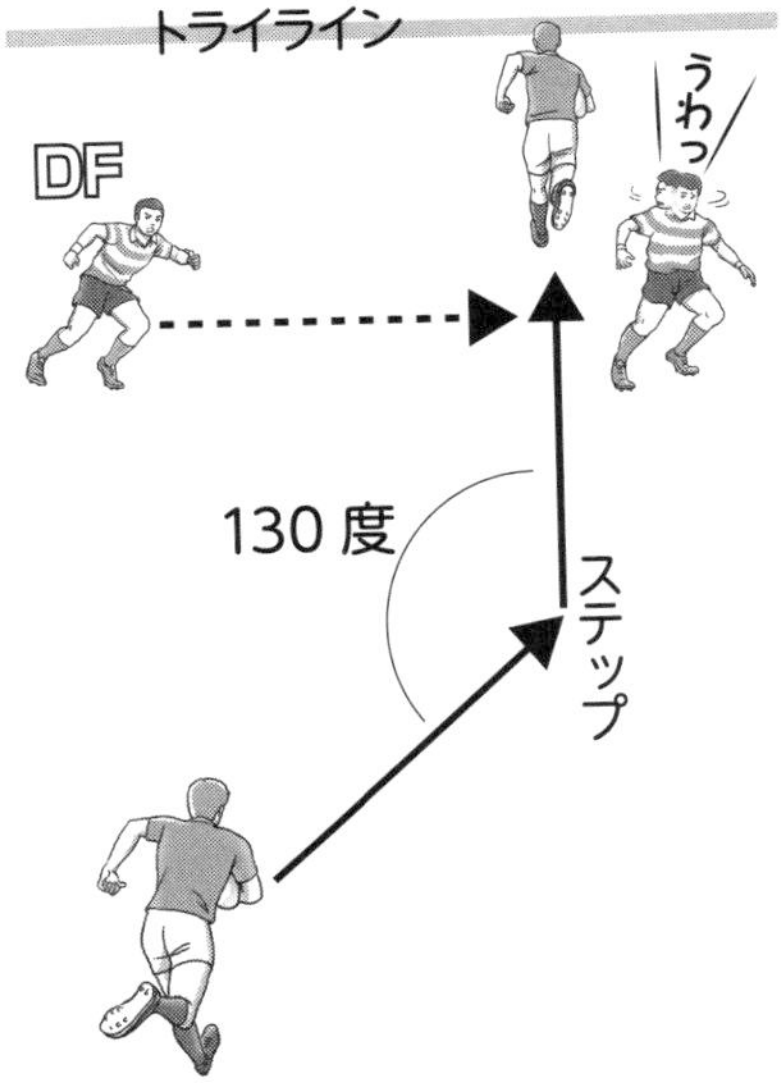

図１-20

■③40度

この角度はステップした際、相手との間合いが少し近いため斜め前に向かうコースがなく、DFとぶつかってしまう場合に有効的です。ステップ後、前ではなく真横（トライラインに対して平行）に向かいます。DFとしては、ボールキャリアは前進してくると想定しているので、タックルポイントがズレたり、そもそも触れないことが多いです。しかし、横にスライドした後に縦に行くので、トライラインに向かって加速するまで時間がかかります。またスライドしすぎると、隣のDFの正面に入ってしまうので、注意が必要です（図1-22）。

■④0度

これはステップバックと呼んだりしますが、言葉のとおりで、ステップ後に後ろへ下がります。

タッチラグビーの選手が相手にタッチされないようにするためによく使うのですが、これは相手との間合いギリギリまで近づいて、ステップした際に効果的です。ギリギリまで近づくことで、瞬殺コミットがしやすくなるメリットはあるのですが、そのぶん斜め前に行くスペースはなくなるの

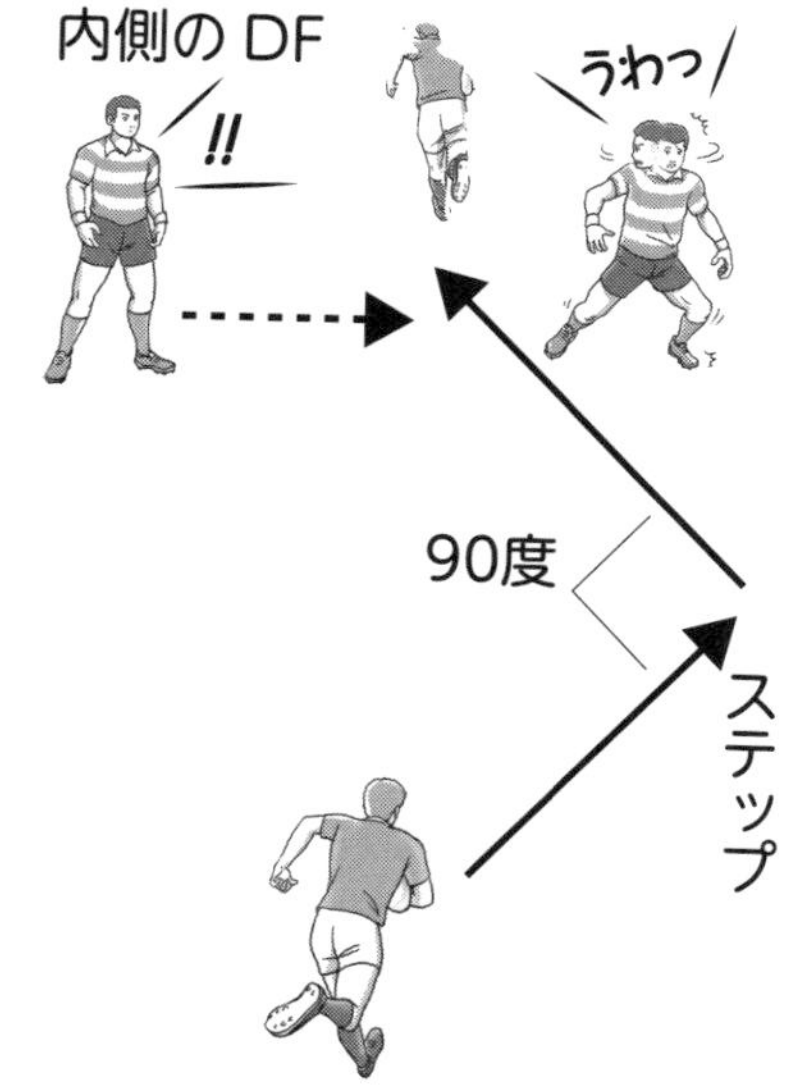

図1-21

で、この角度が必要になります。また、内側のコースをつぶされた場合でも使うことができます。しかし③の40度同様、ステップ後に前ではなく、後ろに下がっているので縦に向かうまでに時間がかかります（図１-23）。

■⑤１６０度

１６０度はフォワードの選手にお勧めの角度となります。フォワードの選手はラック近くの密集地帯でハーフからボールをもらって、一歩でも前にゲインすることが求められるシチュエーションが多くあります。このときＤＦ同士の横幅は狭く、スペースも限られていると思います。そのためボールをもらう際は斜めに仕掛けるのではなく、縦に仕掛けることが多いです。斜めに仕掛けてもＤＦ同士の間隔が狭いため、自分の対面のＤＦがあまり動かず、その状態でステップするとドンピシャで２人にタックルされることになりま

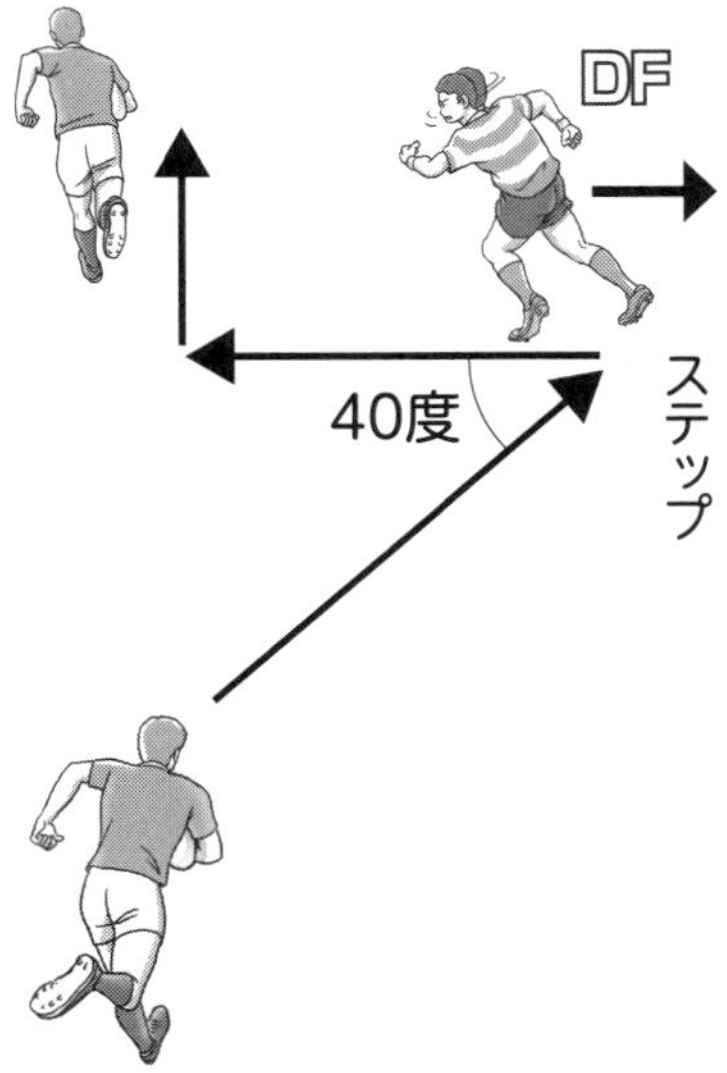

図１－２２

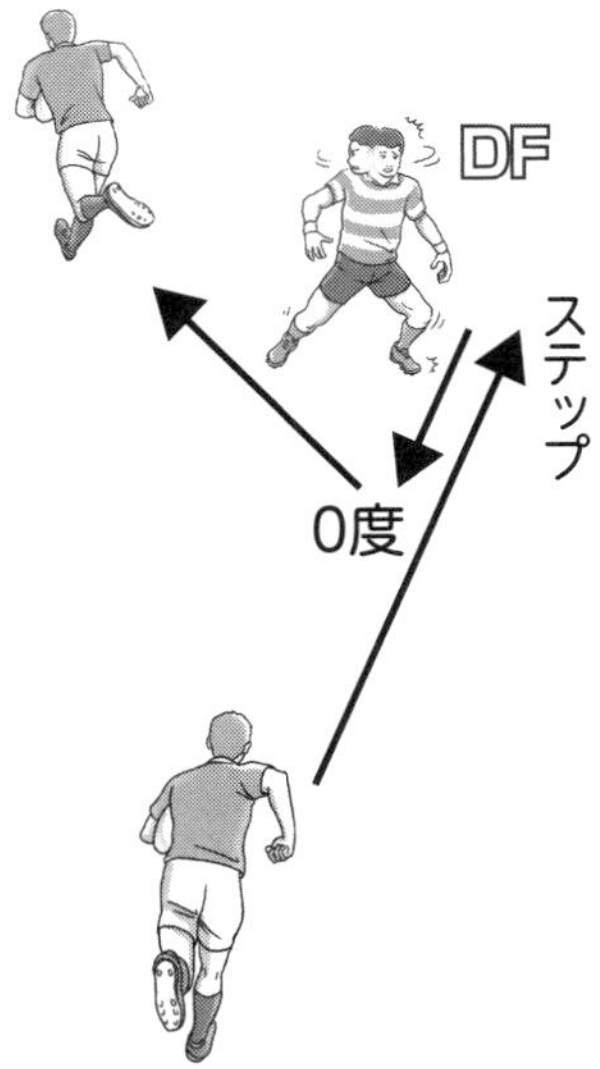

図１－２３

す。

また縦系ステップの130度でも、自分の対面のDFはズラせてもスペースが狭いために隣のDFに向かうことになり、これまたドンピシャでタックルされて前にゲインができづらくなります。そのため縦系かつ、160度という鈍角なステップが効果的なのです。

160度のステップをより効果的にするためには、2つのことが必要になります。

それはDFの足を止めるコミットと、瞬殺コミットです。

DFに向かっていくことで、DFは両隣のDFを含め、足を止めざるを得なくなり、最後に瞬殺コミットで半身ズラし、前傾姿勢で前進します。自分の対面のDFはウィークショルダーでのタックルになり、隣のDFからも距離ができるので、斜め前のタックルではなく、横のタックルになりやすく、ゲインの可能性が高まります。

ステップをケアして2人が自分に向かってきたら、ショートパスで味方にパスすることで、よりゲインしやすくなります（図1‐24）。

この①~⑤の角度をシチュエーションに応じて使い分けているのですが、そもそも身体にそれぞれの角度のステップがインプットされていないことが多いので、練習する際はそれぞれの角度にマーカーを置いてステップしてみるといいでしょ

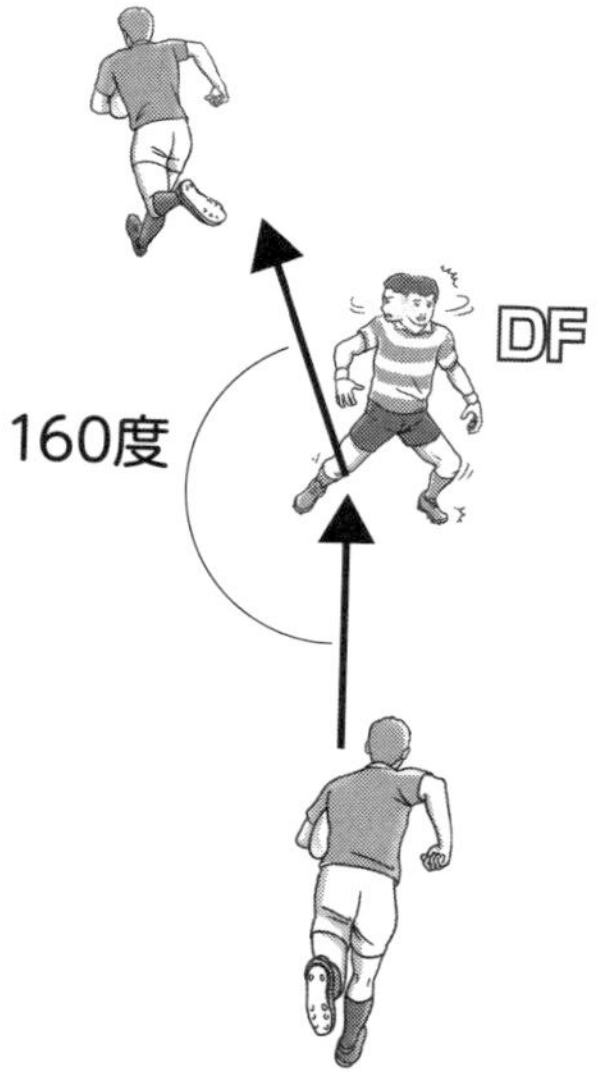

図1-24

う。

まず意図的に角度をつけたステップをして身体に覚えさせ、そのあとDFをつけて、それぞれの角度のシチュエーションで実践します。最終的にはステップしたときの相手の位置、体勢で角度を無意識につけることができれば最高です。

第 2 章

ニュージーランド式
ステップの基礎

ステップフットを理解しよう！

■ステップフットに対する考え方の違い

ニュージーランド式ステップでは身体の使い方が重要となるのですが、最初にステップする足＝ステップフットの理解が必要です。このステップフットの使い方が日本主流のステップと大きく違います。ステップフットで加速しながら方向転換する日本主流のステップに対して、ニュージーランド式ステップでは強いブレーキをかけるのと同時に床反力を利用して方向転換をしています。加速しながらの方向転換と、強いブレーキをかけての方向転換では根本的な考え方が違います。

日本主流のステップではステップフットの力で方向転換をするため、ブレーキと加速の2つの役割をステップフットがこなしています。ニュージーランド式ステップではブレーキはステップフット、加速は逆足と役割分担しています。実際は床反力を利用するためにステップフットも加速の役割はあるのですが、イメージしやすくするために役割分担をしていると伝えています。

このように身体の使い方、考え方の根本が違うため、日本主流ステップの身体の使い方でグースステップなどニュージーランド式ステップをすると怪我につながります。また、キレが生まれないため、グースステップをしても動き出しが遅くなったりします。トレーナーやコーチ、関係者から「グースステップは膝を怪我しやすいから、選手には勧めない」といった悲しい声を聴きますが、この身体の使い方の違いを理解していれば怪我のリスクは減ります。かつ誰でもできます。

■足裏全体で着地――つま先は外側に向ける

では、身体の使い方の根本的な違いとはどんなものでしょうか？

いろいろな要素があるのですが、まずは「踵からの足裏全体での着地」「つま先の向き」がありま す。この2つについて理解しましょう。

では、この2つに関してみなさんに質問です。

①ステップフットが地面に接地した際、「足裏全体」「母指球」「スパイクの内側全体」の3つのうちどこで踏ん張っていますか？（図2‐1）

②ステップした際にステップフットのつま先は、「外側（進行方向）」「正面」「内側」の3つのうちどちらに向いていますか？（図2‐2）

いかがでしょうか？

ニュージーランド式ステップで求められる回答は、

①「足裏全体」

②「外側」

となります。

僕はレッスンの際、最初にステップフットの着き方をチェックするのですが、9割の選手がつま先の向きは正面もしくは内側で着く、かつ母指球または内側全体で踏ん張っています。みなさんの回答

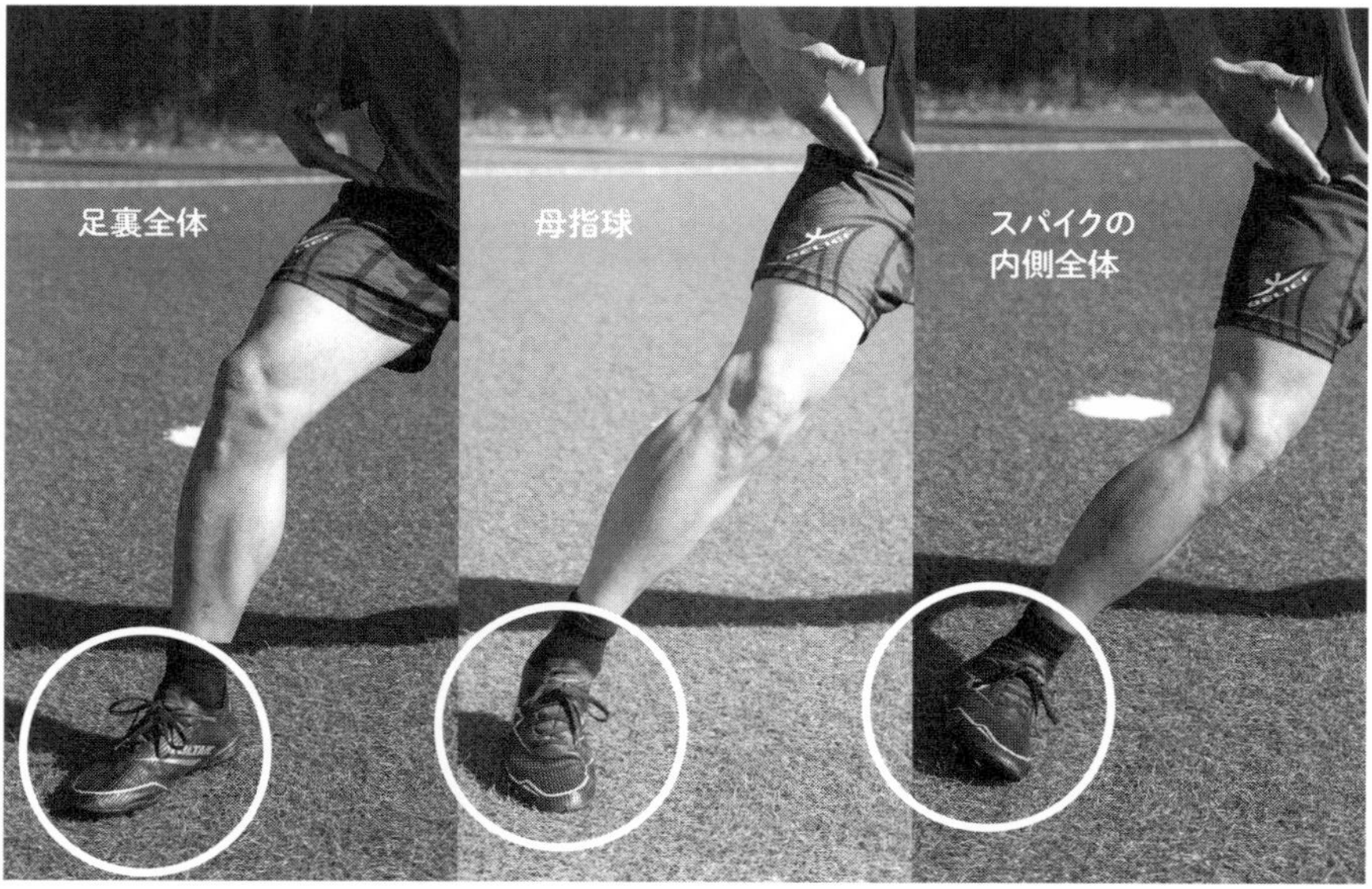

図 2 - 1

図 2 - 2

もそうだったのではないでしょうか。
ではなぜ、接地は足裏全体で、つま先は外側なのか?
①②それぞれ「踵からの足裏全体での着地」「つま先の向き」で説明します。

■踵からの足裏全体での接地

まず抑えるべきはステップフットの接地です。ニュージーランド式ステップでは踵から足裏全体で接地するのを推奨しています。それはなぜかというと、
①安定かつ強いブレーキをかけることができる。
②床反力を利用することができる。
という2つのメリットがあるからです。
強いブレーキがなぜ必要なのかは、前章のコミットの項目を再度ご確認ください。

①加速している身体に対して一気にブレーキをかけるためには、強く、安定した接地が必要となります。そのためには足裏全体で接地し、地面との接地面を大きくします。なぜ接地面を大きくすることで安定した接地ができるのかというと、接地面には大きな外力が働くのですが、その外力を足裏全体で分散でき、かつ足裏から股関節までの足全体の筋肉をバランスよく使うことができるからです。これが母指球や足の内側だけなどの小さな接地面となると、過度な負担が局部にかかり、耐えることができず、止まり切れない、または足首の怪我につながります。

では接地面が大きいことで身体を支え、安定できることを実感してもらうために、レッスンでもよく行っている片足立ちという実験をみなさんもぜひやってみましょう。

片足立ちをする際に、足裏全体で接地しているパターンと、踵を浮かせた状態で接地するパターンを比較してみます。どちらが安定しますか？

足裏全体の方が安定しますよね。

そのために強いブレーキをかけるニュージーランド式ステップでは足裏全体での接地を勧めています。

踵を浮かせた状態（母指球で動く）は、ラダートレーニングのように身体を速く移動させる場合には適しています。ゆえに加速しながら方向転換をする日本主流のステップでは母指球で踏ん張って動くことが多いです。

②の解説に入る前に、そもそも床反力とは何かを説明していきましょう。

床反力とは身体（主には足底）と床の接触部分から生じている反力のことであり、上下方向、左右方向、前後方向に働いていて、足底が加える下方向の外力と、床反力は上方向に同じ大きさで釣り合っています。さらに床反力は足が地面に接地している時点で常に働いているのですが、ニュージーランド式ステップではこの床反力を最大限に生かすために、強いブレーキをかける際に足底から強い外力を地面に対して与えることで、同じ大きさの床反力を得て、その力を次の方向に生かしているのです。

■踵以外から着地した場合のデメリット

では足裏全体を接地する際に、なぜ踵から着くのがよいのでしょうか。

足裏全体の着地には以下の3つパターンが考えられます。

①踵からの着地
②つま先からの着地
③同時に全体着地

踵から着地するメリットは、足底の中で一番身体に近い部分（足骨とのつなぎ部分）で大きな力が働いても身体を支えられることにあります。かつブレーキをかける際、足を斜め前に出すのですが、踵から着くことで斜め前に働いている力の方向と同じ方向で接地できるので、ブレーキをかけやすくなります。それと同時に床反力を股関節の方向に受けることもできるため、次の動き出しもスムーズになる効果があります（図2‐3）。

これがつま先からの着地の場合、つま先で着いた後に踵を着く形になるので、斜め前に働く力に対して、逆の動きをしてしまいます。しかも力を受け止めるには接地面も小さく、弱いつま先のみで力を受け止めてからなので、力に耐えきれず怪我につながる可能性が高くなります（図2‐4）。

わかりやすい例として、前に転倒して手を着く際、多くの人が手の平から着いてそのあと指が着きます。それは手の平は接地面が大きく、腕とのつなぎ（手首）に一番近く、負荷を腕を通じて胸で吸収し、支えることができるからです。これを指から着いたらどうなるでしょうか？

全体重を指5本で支えられるわけがありません。負荷が指の付け根にかかり、その後は受け止めきれずに手首や肘関節に過度な負荷がかかり、どこかを痛めることでしょう。想像しただけで恐ろしいことになります（図2-5）。

同時に足裏全体で着地する場合、踵からの接地と同様に身体を支えることはできますが、地面に対して垂直の力の方向で接地しなければできないため、斜め前に足を出してブレーキをかけるのが難しいです。接地できたとしても、斜め前に働いている力に対して、垂直の力でブレーキをかけることになり、踏ん張れず、滑ることが多くなります（図2-6）。

■母指球や足裏の内側での着地は怪我につながりやすい

またステップレッスンの中でよく見受けられ

図2-3

図2-4

る、ニュージーランド式ステップにおける間違った着地の仕方が次の２パターンです。

①母指球

②足裏の内側

母指球で着く場合は、接地面が小さいために安定感がなく、強いブレーキがかけられなくなるので、強い力を地面に与えるというよりは、接地してから母指球で踏ん張って力を生み出して動くことになります。しかし、ニュージーランド式ステップは強いブレーキを生み出す動きですから、母指球で着くと足首が力に耐えられずに捻挫をしやすくなります。また、ステップフットで次の動き出しをするため、膝が内旋しやすくなり怪我につながる可能性が高くなります。

足裏の内側で着く場合は、母指球に比べてブレーキをかけることはできるのですが、つま先が正面を向きやすくなり、母指球で着地する場合と同じように、捻挫や膝が内側に入っての怪我のリ

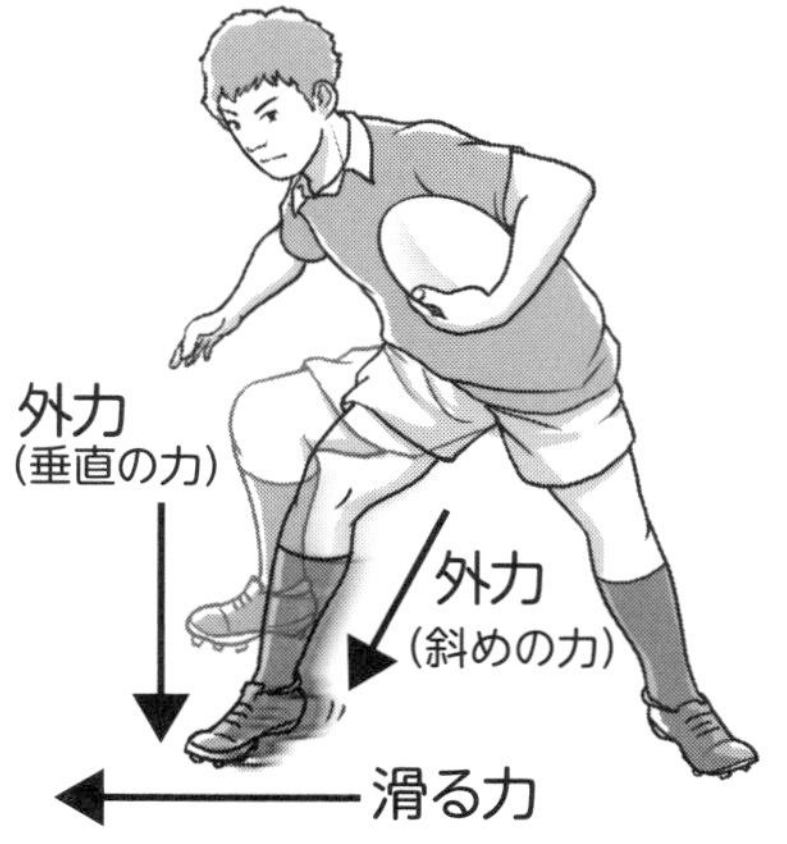

図２－６

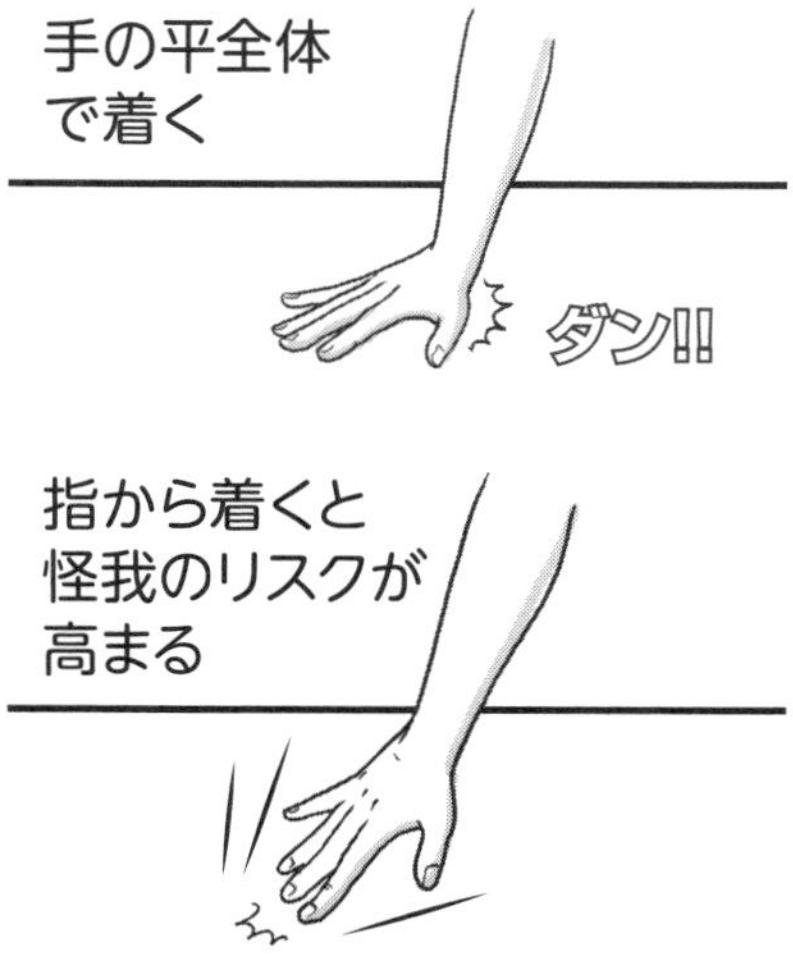

図２－５

スクが高まります。

また、この足裏の内側で着地する方法は、スパイクのポイントを利用してブレーキをかけているため、少しでも足場が悪かったり、スパイクでなかったりすると滑る可能性が非常に高くなります。

ステップにもいろいろな種類があるので、これらが悪いというわけではありませんが、ブレーキをかけるニュージーランド式ステップをするにはその力が弱く、怪我にもつながる可能性があるので気をつけてください。


踵から着いて、かつ強い床反力を生み出しているかどうかを判断するひとつの方法として接地した際の音があります。

踵からしっかり接地した場合は「ダンッ」という破裂音がします。しかしこれがスパイクの内側やつま先で接地した場合は「ズズッ」という擦れた音がするか、もしくは無音となります。

自分がステップしたとき、どんな音が出ているのか、ぜひ聞いてみてください。

つま先の向き

■つま先を外側に向けて強いブレーキをかける

踵から足裏全体で接地するには、つま先の向きが重要となります。外側（進行方向）に向けて接地することは日本主流のステップではまずない着き方ですが、強いブレーキをかけるために足裏全体を踵から接地するには、つま先を外側に向ける必要があります。

つま先を外側に向けると、地面に対して与える外力と同じ方向に踵からつま先にかけて接地できます。膝も同じ方向を向くので、ブレーキをかけた際に力がかかる方向と同じ向きになり、曲げることができるので、衝撃を吸収し、床反力も股関節に向かって受けることができます（図2－7）。

これが正面を向いてしまうと、外力に対して踵からつま先にかけてではなく、足の内側から外側にかけて接地するため、足首の外側に力が加わります。そのため、踏ん張る際にスパイクの内側のポイントで力を受け止めることになり、受け止め

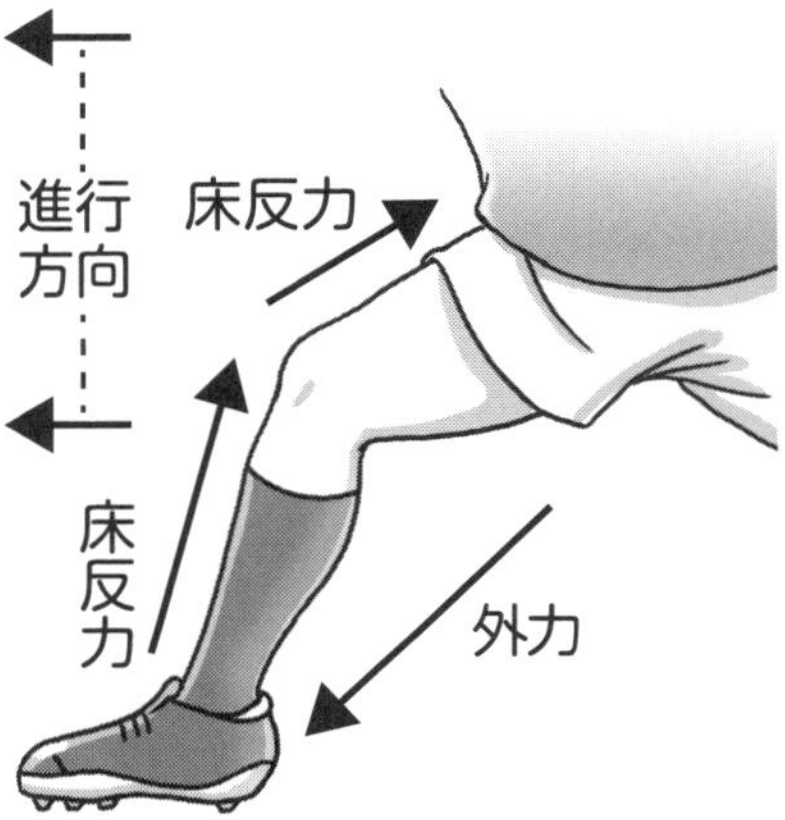

図2－7

きれない場合は、足首を外反捻挫する可能性もあります。また膝も正面を向いてしまうので、ブレーキをかけた際に力がかかる方向とは別の方向に曲がります。そうなると衝撃を吸収できず、足首に負担がかかり、膝が内側に入って膝の怪我につながります（図2‐8）。

内側に向くと母指球から踵にかけての接地となり、正面のパターンと同様に衝撃を吸収できず、足首や膝の怪我につながります。ただし、ニュージーランド式ステップではなく、身体を次の方向へ速く移動させるためだけであれば、つま先を内側に向けた方が効率はよいです（図2‐9）。

■つま先が外側＝骨盤の向きが自由自在

また身体の構造だけではなく、ＤＦの視覚的にも、つま先を外側に向けると効果があります。

レッスンでもよくする質問ですが、つま先が外側、正面、内側に向いている場合、ボールキャリ

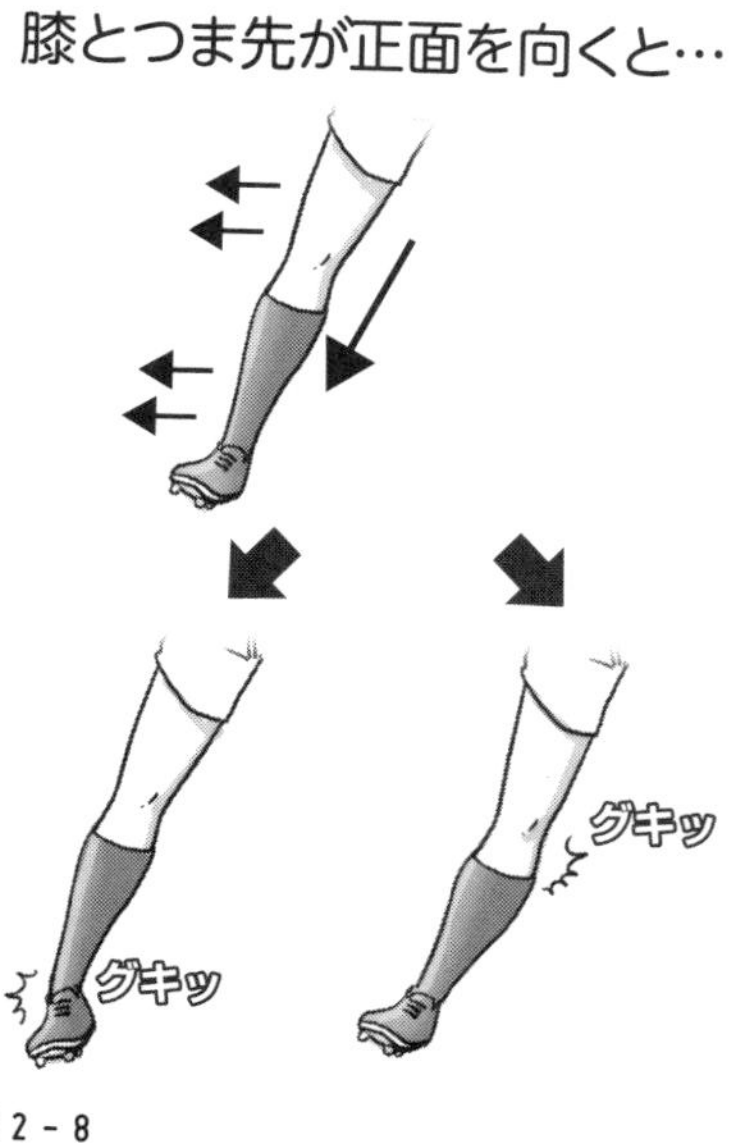

図2－8

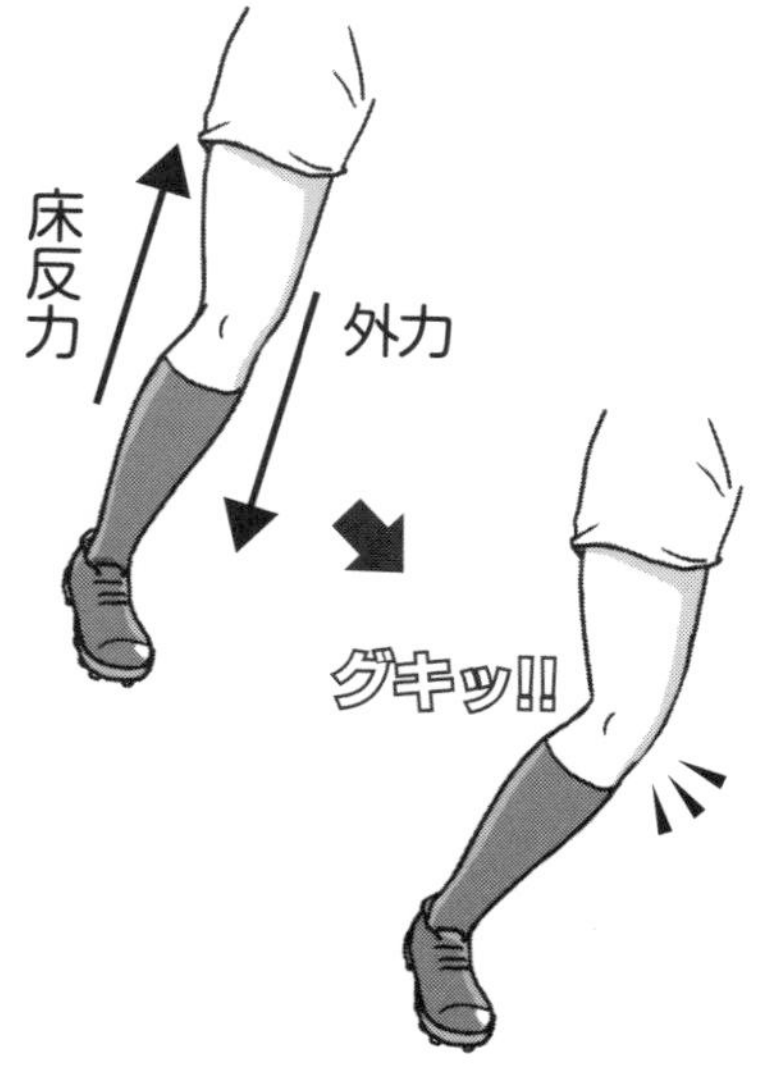

図2－9

アはどこに行くと予想しますか？（図２‐10）

多くの方の回答は、次のとおりです。

・外側は進行方向

・正面は縦もしくは内側のコース

・内側は内側のコース

正面、内側の回答は正解ですが、外側に関しては違います。外側は進行方向、縦、内側のコースすべてに行くことができるのです。

ゆえにＤＦにとってどちらに行くのかを判断するのが難しい足の着き方になります。

しかし、ＤＦはボールキャリアの足先だけを見て守っているわけではありません。もちろん選手によって見方は変わりますが、多くは腰の向き、すなわち骨盤の向きを見て判断しています。

骨盤の向きはつま先の向きによって変わってきます。

骨盤はつま先が向いている方向よりも内側に向けることは簡単ですが、外側に向けるには無

図２-10

理やり力をかけるしかありません。

つまり、つま先を外側に向けると、骨盤の向きを外側にも正面にも内側にも簡単に向けることができるのです。

■つま先が外側＝身体が前方に向かいやすい

また、つま先を外側に向けると内側前方に向かいやすくなります。
外側に向いているのに、なぜ内側前方に向かいやすくなるのでしょうか？
レッスンで実施する実験があるので、みなさんも今その場でやってみましょう。
まずはベースの形として、次の体勢を取ってください。

①肩幅より広めに足を広げて立つ。
②膝を軽く曲げる。
③上半身を軽くおじきする程度に前傾させる（図2‐11）。

この体勢ができたら、つま先を3パターンの向きで、それぞれ足裏全体を着けたまま足踏みをしてみましょう。

①正面
②内側
③外側（図2‐12）

つま先の向きによって床反力の向きが変わるため、次のような変化を感じたのではないでしょうか？

①正面

床反力の向きが真上に向かって働きます。どれだけ足踏みをしても、ずっとその場にいるニュートラルの状態で、前にも後ろにも行かないので、動くためには自分で力を加えないといけません（図2-13）。

②内側

床反力が後方に向かって働きます。スキーでブレーキをかけるハの字のようになり、足踏みをすると足の付け根の股関節に向かって床反力が働き、後方に動きやすくなります（図2-14）。

③外側

床反力が斜め前方に働きます。そのため足踏みをすると、斜め前方に力が働き、動きやすくなります（図2-15）。

つまり、つま先を外側に向けて接地するだけで、身体が斜め前方に向かいやすくなるのです。

図2-11

図2－12

特に縦系のステップの場合は、この効果を理解しているか否かでは大きな違いになります。

以上で、「踵からの足裏全体での着地」「つま先の向き」についてはご理解いただけたでしょうか？　ここからはさらに膝の位置、足幅、股関節の動きとステップフットの詳細を説明していきます。

図2－13

図2－14

図2－15

膝の位置

■踵と股関節のつなぎ目となる膝

「踵からの足裏全体での着地」「つま先の向き」を意識して接地しても、次の一歩目の動きが遅く、キレがないことがあります。それは床反力をうまく利用できていないことが多く、ブレーキをかけた際の膝の位置が原因のひとつです。では、どの位置に膝があるとよいのでしょうか？

ニュージーランド式ステップでお勧めする膝の位置は、「踵の延長線上」となります（図２‐16）。

では、なぜ踵の延長線上なのでしょうか。

それは踵の延長線上に膝が位置すると、床反力を活用することができるからです。

接地した際に床反力が働きますが、その働く方向を股関節に向けることで、次の動き出しに生かすことができます。そこで重要なつなぎ役となるのが膝です。

このつなぎ役の膝が、接地した足と股関節の間に位置することで役割を果たすのですが、その位置が踵の延長線上となります。

■膝が前に出てしまうと筋肉のパワーで動くステップになる

踵の延長線上よりも前に膝が出てしまうとどうなるのでしょうか？（図２‐17）

この場合、床反力を利用しない、筋肉のパワーで動くステップとなります。

本来、股関節の方向に床反力を向けたいのですが、膝が踵より前に出ることで、床反力が股関節ではなく空に向かって働き、つなぎ役の役割を果たすことができません。床反力を利用できないので、筋肉でパワーを発揮してブレーキをかけ、動き出すことになります。つまり筋力が求められます。

トレーニングのフロントランジと同じ形になるので、前腿の筋肉に負担が大きくかかり、その場で着地することになります。

足を斜め前に出し、膝の位置を踵の延長線上から徐々に前に移動させると、前に行けば行くほど前腿の筋肉がより働くことがわかります。

地面に接地した時点で生まれる床反力と、接地してから脳を通じて動く筋肉では、床反力の方が断然速く、筋肉メインで動くステップはどうして

図2-16

も動き出しが遅くなるので、膝の位置が踵より前になることを僕はお勧めしません（※スピードがある場合は踵の延長線上で接地した後、衝撃吸収の作用で若干膝が前に出ることはあります）。

また膝を伸ばし切るパターンもありますが、これは足から股関節までが一直線になるので、床反力を最大限に活用できます。しかし、膝の衝撃吸収作用がなくなるため、膝をロックしたり、力が加わりすぎて過伸展となるなど怪我のリスクも出てくるのでお勧めはしていません（図2-18）。

図2-17

図2-18

ステップの足幅はどのくらいがベスト？

■スパイク4～5・5足分が基準

ステップの際の足幅はどのくらいがベストでしょうか？

レッスンでもこの質問はよく出ますが、まず理解していただきたいのが、「重心より前に足を着くとブレーキがかかる」ということです。

重心から近い位置で着くとブレーキは弱くなり、遠くに出せば強くなります。

しかし、遠くに出せば出すほどブレーキが強くなるわけではないので、安定するよい塩梅の位置に着くことが必要です。

レッスンでは、実験でその位置を探すこともあります。

その方法は、まず肩幅で立ち、膝を軽く曲げ、上体を軽く前傾にした状態で、足を斜め前に近いところから遠くへと徐々にズラしていきます（図2-19）。

この実験で自分のよい塩梅の足幅を見つけていきます。

僕がお勧めする足幅はスパイク4～5・5足分。僕自身、シチュエーションにもよりますが、試合では広くて5・5足分でステップすることがあります。場所や求める強度にもよりますが、練習の場合は4～4・5足分の幅で動きの確認をしています（図2-20）。

レッスンでこのことを伝える前にみなさんの足幅を見ると、多くの方はスパイク3足分ほどです。そのため4～5・5足分と伝えると、「こんなに広くするの？　経験したことがない」など驚きのコメントを多くいただきますが、それだけみなさんはステップの際にブレーキをかけていない＝日本主流のステップがブレーキではなく、ステップフットでの加速がメインであることがわかります。

スパイク4～5・5足分がなぜよいのか？　いい塩梅の判断はどのようにしているのか？　という疑問が出てきますが、これは膝と股関節の位置関係となります。

よい塩梅の場合は股関節が膝よりも高い位置にあるため、ブレーキをかける力の向きが、膝下と股関節から膝までがほぼ同じ方向に向くため、地面に与える外力も大きくなります（図2‐21）。

股関節の位置が膝と同じ位置もしくは低くな

図2－19

るほど、足を広げると力の方向が膝下は斜め前、股関節から膝は真下へと向かい、ブレーキをかける力が小さくなり、重心が下に向かう力が大きくなります。そのため足を広げていくと、真下への力に耐えるために股関節周りの筋肉に力が入っていくのがわかります（図2‐22）。

また幅が狭すぎると、身体が前に進んでいる力に対して外力と床反力の方向が浅く、ブレーキの力が弱くなり、止まり切れない状況になります（図2‐23）。

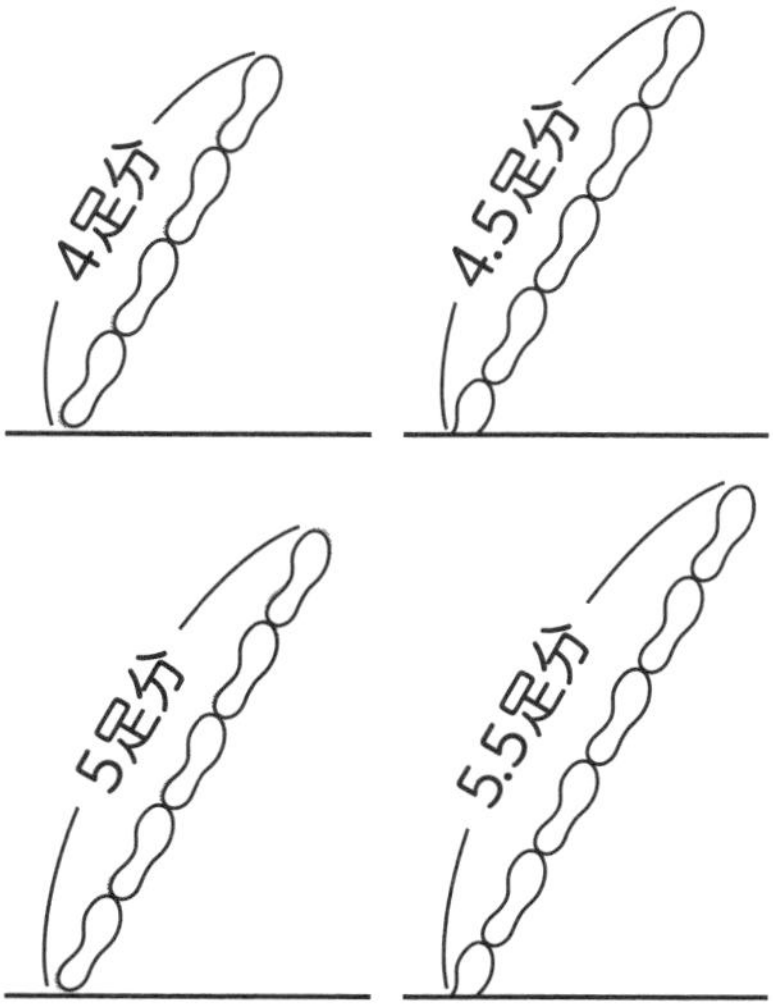

図2-20

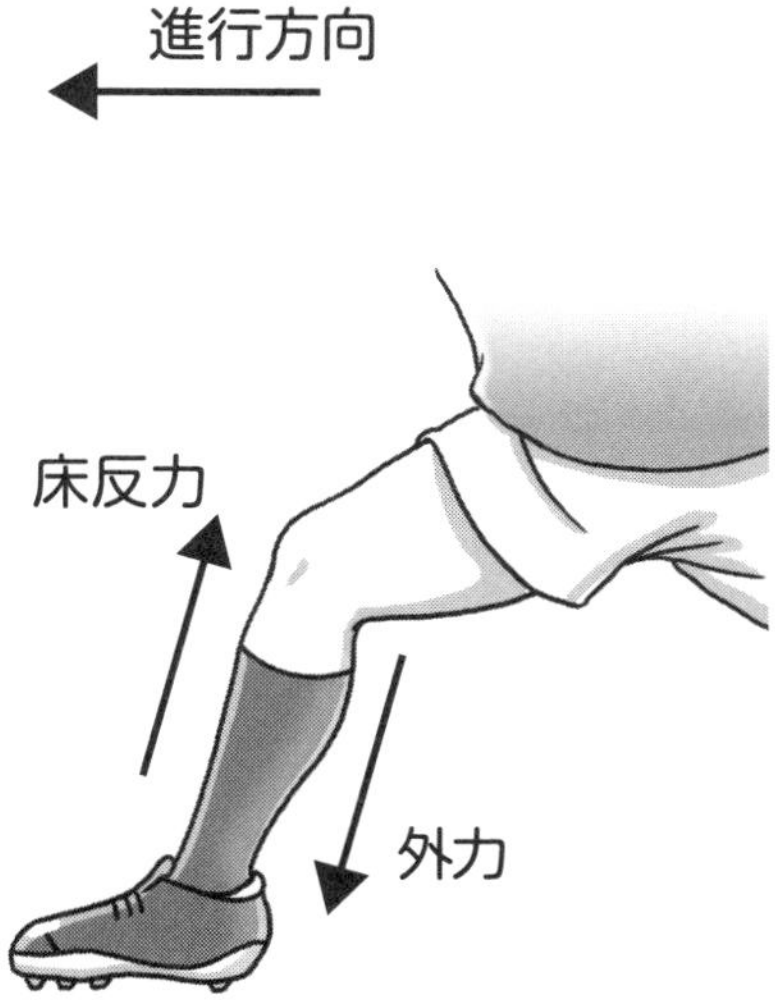

図2-21

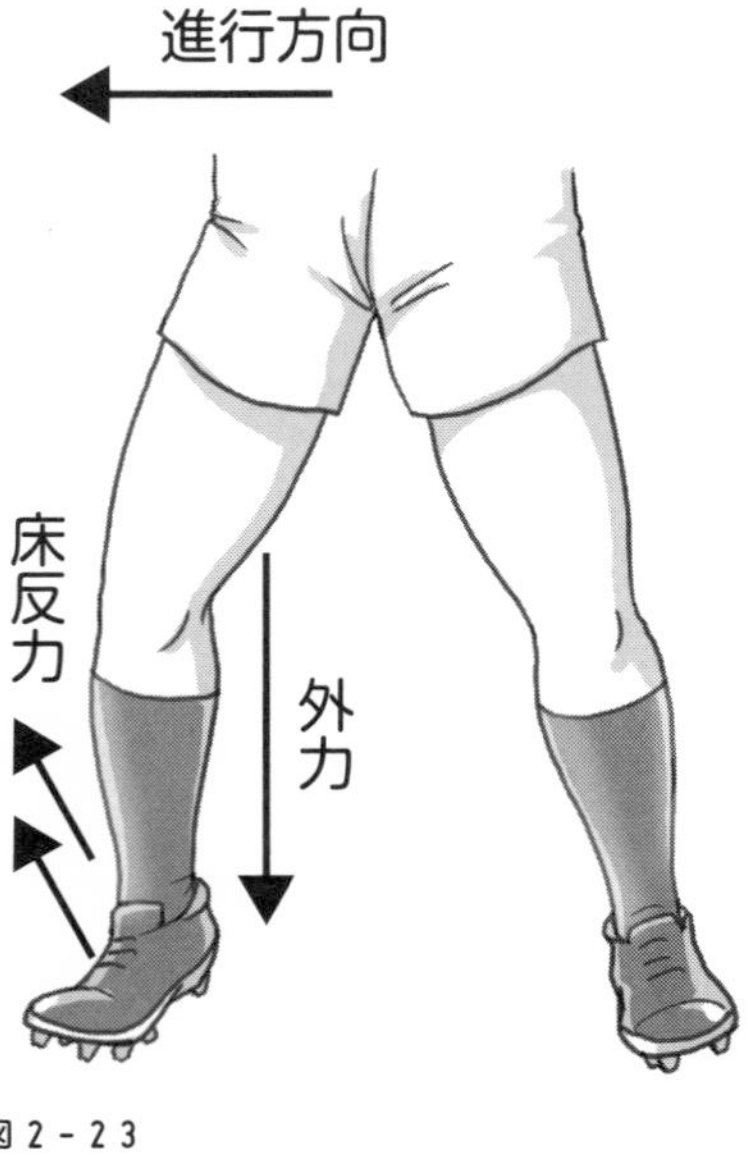

図2－23

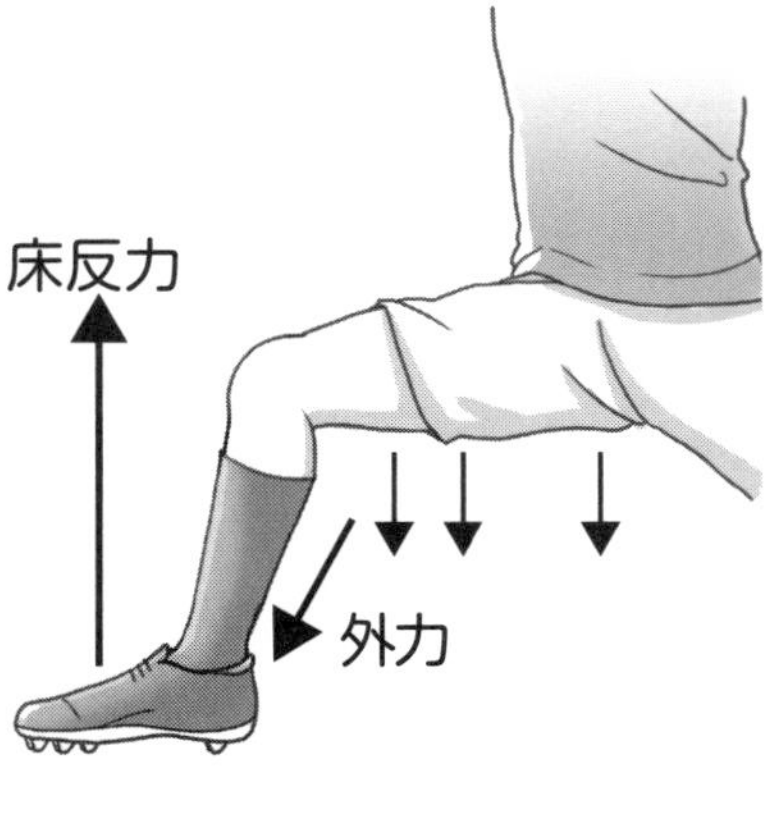

図2－22

ステップフットの股関節の動き

■股関節を内旋させて床反力を次の方向に向ける

ニュージーランド式ステップでは、ステップフットを地面に接地するとともに強い床反力を生み出し、膝を通じて股関節に床反力を受け入れます。そしてその後、床反力を次の進行方向へのパワーとして活用するのですが、活用できるかできないかは股関節の動き次第となります。

股関節には内旋・外旋の動きがありますが、ニュージーランド式ステップでは内旋の動きをします。股関節の内旋・外旋の動き自体は、立ってどちらかのつま先を浮かせた状態で、つま先を内側や外側に向けるとできます。

ステップした際にどのように股関節を内旋させるかというと、イメージとしてはステップフットの付け根を次の進行方向に押し出します。膝が曲がった状態では押し出すことが難しいので、膝を伸展させながら押し出すと、内旋ができます。

ステップフットの接地からの順序は、次の流れとなります。

①ステップフットの接地
②床反力が股関節に向かうとともに膝の伸展
③股関節の内旋で床反力をそのまま次の方向に向ける（図2‐24）

図２－２４

この内旋の動きによって、床反力を次の進行方向に向けるだけでなく、骨盤、そして次の一歩となる足のつま先、膝も次の進行方向に向くため、身体のポジションがよくなり、効率よく動くことができます。

さらに股関節で受け止めた床反力をそのまま平行移動させることで、頭の高さを変えずに、次への動き出しもできます。つまり重心の位置を保ちながら動くことができるのです（図2 - 25）。

■ 股関節が内旋しなければ動き出しが遅れる

内旋がない場合、股関節までは床反力が来ますが、そのままステップフットの逆側の臀部に向かって床反力が貫いていくので、ステップした後に臀部がクッと上がる状態になります。そのため床反力を斜め上のまま移動させるので、頭の高さ（重心の位置）がステップ後は高くなってしまい、動き出しが遅くなります。

そして、骨盤も次の進行方向に向きにくいため、つま先と膝も骨盤と同じ向きになり、無理やり次の進行方向に向けるため、さらに一歩目が遅れます（図2 - 26）。

気をつけていただきたいのは、股関節の内旋をするために膝を内側に入れたり、母指球で踏ん張ることです。これらをすると、膝を怪我するリスクが大きくなります（図2 - 27）。

膝を伸展させ、股関節の内旋運動が起きた際、膝はまだつま先と同じ方向を向けます（図2 - 28）。

床反力をしっかり生かしてステップができると、筋肉への負担が軽減され、かつ、動き出しが速くなるので、まるでバネが入っているような2ステップもすることができます。

図2－25

図2－26

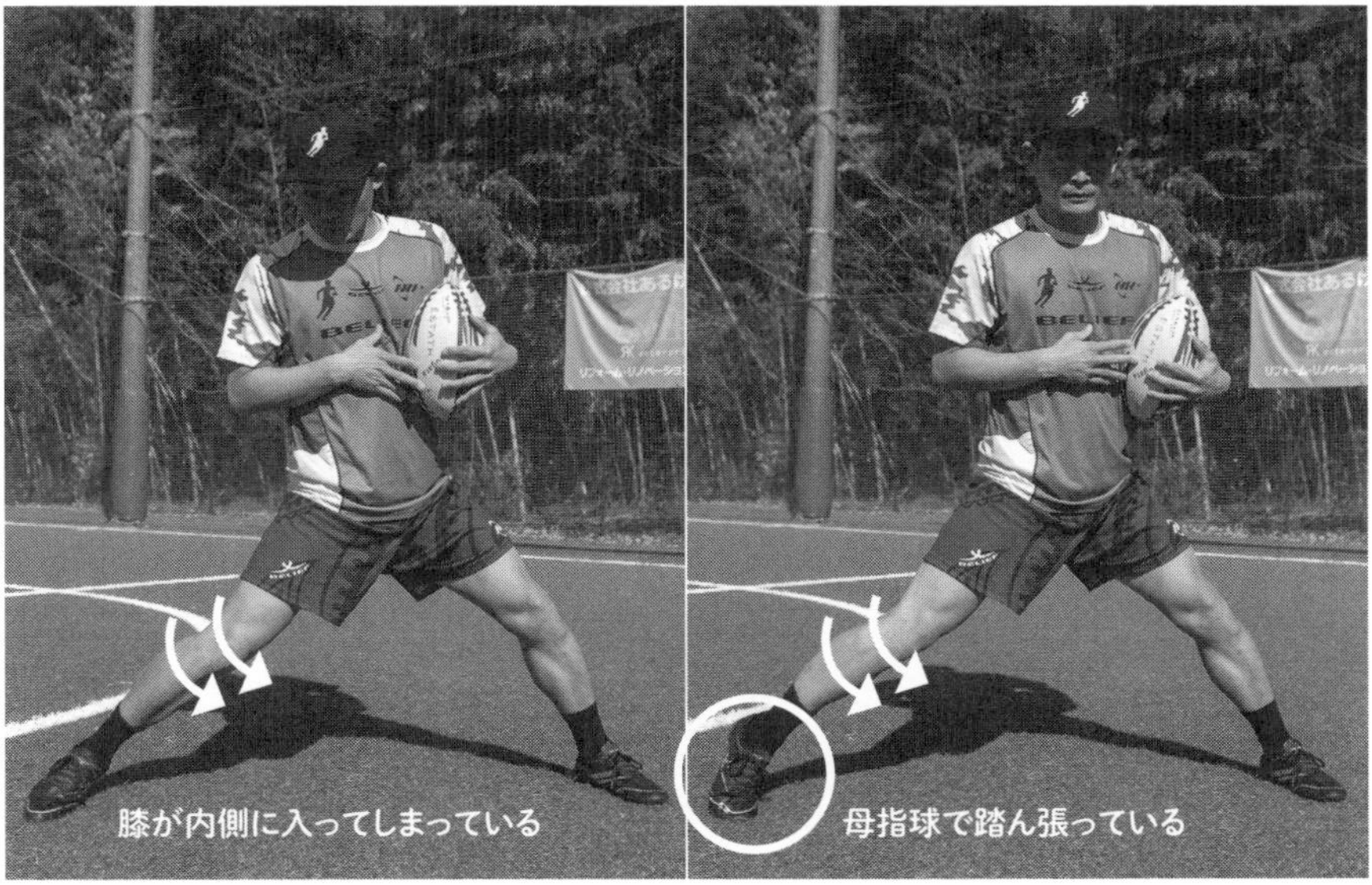
膝が内側に入ってしまっている
母指球で踏ん張っている
図2-27

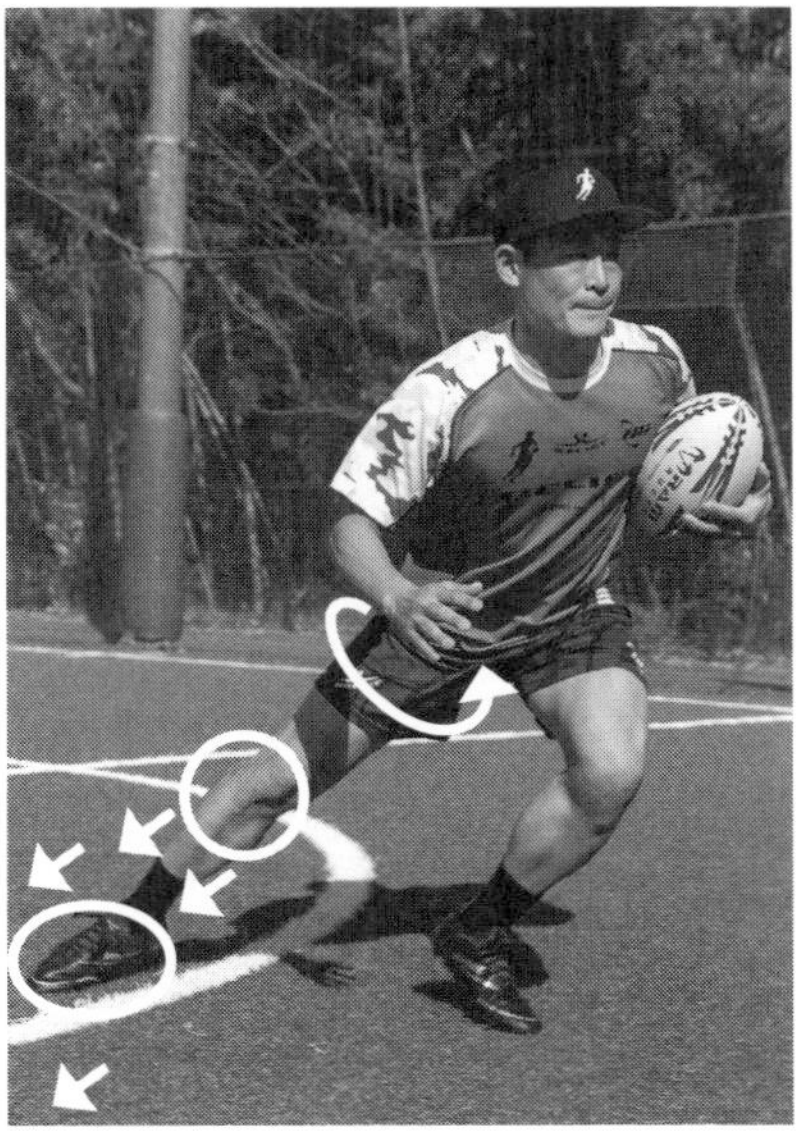
図2-28

上半身を意識しよう！

■上半身は前傾させてステップする

ニュージーランド式ステップにおいては、上半身もとても重要です。この上半身の項目では「上半身の角度の目安」と「顔の向きと目線」について説明します。

僕がレッスンをする中で次のようなことが多く見られます。

・上体が起き上がってしまって一歩目が遅い。
・ステップフットが滑ってしまう。
・ステップフットに重心が乗ってしまい、次の動き出しが遅い。

これらの原因のひとつに上半身の角度が関係しています。

みなさんはステップを踏んだ際、上半身は「前傾」「後傾」「垂直」の3パターンのうち、どのようになっていますか？

ニュージーランド式ステップにおいてお勧めする上半身は「前傾」です（図2‐29）。

前傾にするメリットとしては次の3つがあげられます。

①床反力を有効活用できる。
②DFをコミットしやすい。

③ステップフットをより前に出しやすい。

①床反力を有効活用できる。

ステップフットが接地した際、床反力を付け根（股関節）で受け、次の進行方向へ促します。付け根で床反力を受けるには上半身を前傾し、床反力に対して鋭角になることでぶつかる壁を作ります。この壁を上半身で作れば、床反力が上に逃げません。そして股関節を内旋することで、次の進行方向に向けることができます。

かつ、上半身が前傾のままだと頭の高さも変わらず平行移動できるので、次の動き出しもスムーズになります（図2－30）。

上半身が垂直の場合は、壁が床反力に対して鈍角になるため、多少は壁になりますが、そのまま頭上と次の進行方向の2方向に床反力が行きます（図2－31）。

頭上に床反力が抜けていくことで、次の動き出しの際に力が2方向の間となる斜め上に向きやすく、上体が起き上がりやすくなります。その結果、床反力を最大限活用することができず、次の動き出しが遅くなりがちです。

図2－29

図２－３０

図２－３１

上半身が垂直になるのはダメではありませんが、前述のようなことが起きやすいといえます。

上半身が後傾の場合は床反力に対して壁がなくなり、そのまま頭の方に力が抜けていくため、床反力を次の動き出しに活用できません。かつ後傾の状態で股関節を内旋させることが困難となります（図2-32）。

②ＤＦをコミットしやすい。
その理由は、前傾は視覚的に進行方向へ向かっていく姿勢となるため、ＤＦが反応しやすくなるからです。これが垂直となると半減し、後傾に関しては進行方向へ行くようには見えなくなります。そのためＤＦにステップがバレてしまい、捕まります。

③ステップフットをより前に出しやすい。
前傾の場合、頭の位置が下がるため、重心を低くすることができます、そのぶん足を前に出すことができ、強いブレーキにつながります。頭の位置が高くなればなるほど足を前に出すのが難しくなるので、垂直や後傾は足を前に出すという観点ではお勧めしません。

特に後傾の場合は重心も後ろになるので、足を

図2-32

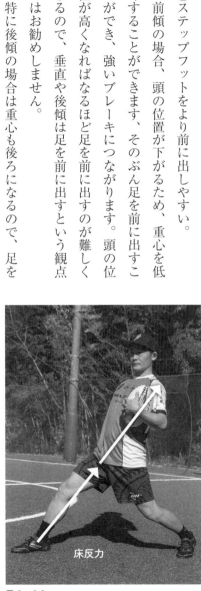

前に出すのがより難しくなります。そしてステップフットが着く際、足首が底屈の状態になるため、踵からの着地ではなく足裏全体が斜め前に向かって着きます。そのため、着いた後に前へズレてスリップし、転倒する可能性があります（図2-33）。

よって、ニュージーランド式ステップにおいては前傾がお勧めです。後傾はNG。垂直はなしではありませんが、前傾の方がより効果的です。

■ 上半身の角度の目安

では、どのくらい前傾すればよいのでしょうか？

目安は、後ろ足の延長線上となります（図2-34）。

この目安に合わせて前傾すれば、重心をよい位置に保つことができます（※重心の位置については、のちほど「ステップの際の重心の位置」の項目で説

図2-33

明します）。

後ろ足の延長線上よりも前傾になる、または背中が丸まった状態はお勧めしません（図２‐35）。

なぜかというと、ステップフットが着いた際に前傾になりすぎると、上半身の力の向きが地面に対して真下の方向になり、後ろの足が浮く状態になります。

この状態はステップフットのみが地面に接地しているため、重心がステップフットに移動します。結果、床反力を生かせない着地になり、次の動き出しをする際に再度重心を次の進行方向へ移動させないと動けない状態となります。

また目線も地面に向かいやすいため、次の動き出しの際、力の方向が地面から斜め上に向かっていくので、動き出しが遅れます（図２‐36）。

背中が丸まった状態もお勧めしません。

まず目線が下がり、次の動き出しが遅れます。

図２‐35

図２‐34

また上半身で作る壁が弱くなります。壁が弱くなるとはどういうことかというと、背中が丸まると上半身が弧を描く形になるので、お腹に力が入りづらく、壁ではなくクッションの役割になります。床反力が壁にぶつかるのではなく、弧に向かって抜けていくので、クッションのように吸収されるイメージです。吸収される理由としては弧を描く付け根の部分は垂直になるため、床反力は上半身が垂直の状態と同じように向かいます。垂直の場合はお腹に力が入りやすいので、壁になり、力を弾く形になりますが、弧を描く場合は上方に力が分散されるからです（図2-37）。

今一度、自分がステップした際の上半身がどうなっているのか、確認してみてください。

図2-36

図2-37

顔の向きでステップの角度が変わる

■顔が向いた方向に足が出しやすくなる

「ニュージーランド式ステップをするうえでステップの角度が出ないのですが、なぜですか?」という質問がレッスンを通じてよくあります。

その原因のひとつが「顔の向き」です。身体の舵を取っているのは「顔」であり、ステップした後の「顔」の向きによって切り返しの角度が変わってきます。ステップの角度が出ない人の多くは、顔が次の方向に向くのが遅い、または向いていない人です。

なぜ顔の向きでステップの角度が変わるのでしょうか?

それは顔が向いている方に骨盤が向き、足が出やすくなるからです。身体の仕組みとして、顔を向けると、肩、胸、腰、骨盤、足と上から順に身体は回旋しやすくなります（図2-38）。

これはスキーやスノーボードで曲がる際にも同

顔を進みたい方向に向けると…

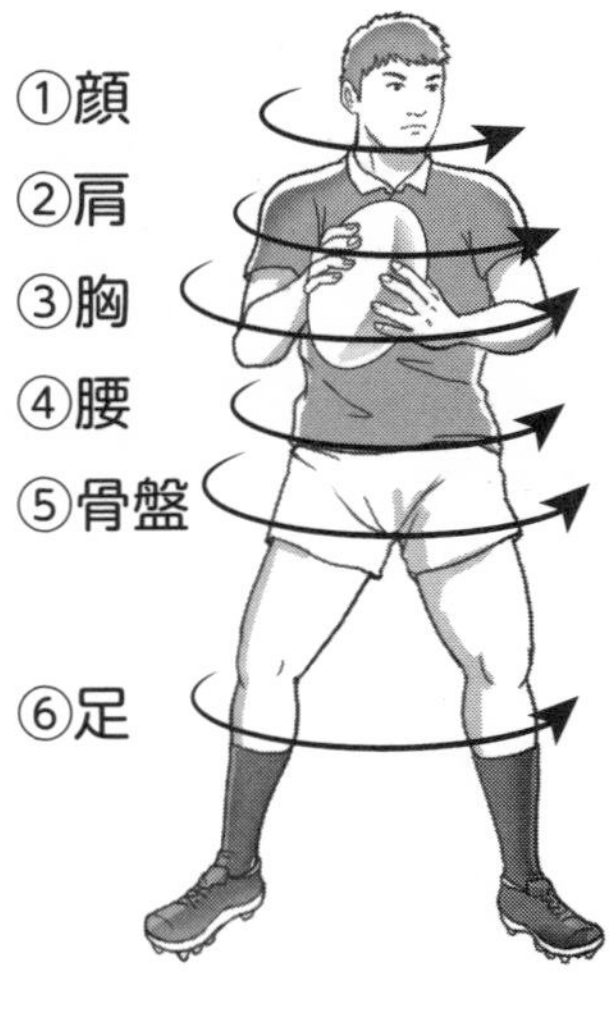

図2-38

じ仕組みを利用しています。身体の小さな部分である顔を向けると、前述した順で身体が回旋するのでスムーズに曲がることができます。顔を起点にすることで、顔より上に動かすものはなく、力が下方向のみに働き、かつ上から下に働く重力に沿って動かしていくため余計な労力を使わずスムーズになります。しかし足を起点に曲がろうとすると、地面と接地して一番力が働いている部分と骨盤、上半身の向きも重力に逆らって動かさなければなりません。そのため、より労力が必要となり、そのぶん時間もかかります。結果、曲がる角度も出ません。

この違いを体感しましょう。

肩幅で立ち、顔を正面に向けた状態を基準とします。ここから2パターンの動きをします。

①顔を正面に向けたまま、骨盤を起点に身体を横に向けます。

②顔を起点に身体を横に向けます。

いかがでしょうか？　①は骨盤だけが横に向き、上半身が正面に向いたまま残るため、時間差で胸・肩・腹・顔それぞれに力が加わり横に向きはじめます。それに対して、②は顔から肩・胸・腰・骨盤の順でスッと時間差なく動きませんか？

ステップでも同じことがいえます。

ステップする直前まで顔は進行方向に向けて、ＤＦを同じ方向に走らせてコミットします。その後ステップフットが着いたら、すぐに顔を次の進行方向に向けます。すると、①肩、胸が回旋し、次の方向を向きはじめる。②腰が回旋し、次の方向を向きはじめる。③腰が回旋すると、骨盤も次の進行方向にすぐに向くので、足も次の進行方向に向くことができます。

この①〜③の流れが一瞬で行われます（図2-39）。

その結果、ムダな力を使うことなく身体全体がすぐに次の進行方向に向くので、ステップ後の動き出しがスムーズになります。

■顔を向けるのが遅いとステップの角度が出ない

顔を向けるのが遅い、またはDFを見たままの場合、上半身と骨盤は顔と同じ方向を向いているので、ステップの角度は出ません。また、無理やり次の方向に行こうとするので、下半身のみで動く、または肩と胸を無理やり向けることになります。そのため、ステップ後の一歩目の膝は最後の瞬間にギリギリで顔と同じ向きで次の進行方向に向くことになり、動き出しも遅く、ステップの角度も出ません（図2-40）。

ステップの角度がどのくらい変わるのかを比較します（図2-41）。

図2-39

図2-40

図2-41

一歩目の着く位置の違いがはっきりします。顔を向けるのが遅い、またはＤＦを見たままだと、ステップフットの前や追い越した位置に次の一歩目が着いているのがわかります。すなわちステップの角度が鈍角になります。

また、顔を次の方向に早く向けることのメリットは、ステップの角度と動き出しをスムーズにするだけではありません。次の方向に早く向くということは、視野も同じように次の方向に向くため、次のシチュエーションの情報を早く取り入れることができます。

■目線の重要性

顔を向けることでステップの角度が生まれるのですが、顔を向ける動作の初動を「目線」にすることで、顔を向けるのがよりスムーズになります。顔が舵取りのハンドルだとすると、目線がハンドルを回す指示役になります。

ゆえに目線はとても重要な役割を果たすのです。

ではこの目線ですが、ステップの際にどうすればよいのでしょうか？

それはステップの前後、常にプレー目線（水平）にすることが基本となります。

僕がレッスンをしている中で、プレー目線でないためによく起こるケースには、次のようなものがあります。

・ステップ後の一歩目が遅い。
・上体が起き上がってしまう。
・ステップの角度が出ない。

プレー目線でステップするのがなぜ重要かというと、目線の向きで顔の向きも変わるため、力の方向まで変わってくるからです。そのためプレー目線のままであれば、身体も平行移動することができます。かつ、目線のブレも少ないため、次のシチュエーションの情報をすぐ視界に入れることができるので、動きも状況判断もスムーズとなるからです。

■〝プレー目線〟を意識しよう！

プレー目線でステップする。「そんなの当たり前では？」と思う方もいるでしょうが、できないのは珍しいことではありません。

レッスン中、足元を確認する意味で下を向く方もいて、それが癖となり、目線が下になっている選手を多く見ています。

この目線が下がった状態でステップをすると、次の2つのパターンで目線が動きます。

①斜め上に向いて、最後にプレー目線にするため目線を下げる。
②下のまま動き、最後にプレー目線にするため目線を上げる（図2‐42）。

①の場合は力の方向が目線と同じ方向に動くため、斜め上に力が働き、上体が起き上がりやすくな

図2-42

ります。そして最後にプレー目線にするため、上体を斜め上に起こす動きと最後に水平に戻す2つの動きが行われ、そのぶん時間がかかり、次の一歩目が着くのが遅れます（図2‐43）。

②の場合は下を向いたまま動き、最後にプレー目線にする際にやっと次の方向へ向きます。そのため骨盤がギリギリまで次の方向に向かないので、ステップの角度が出ず、次の一歩目が着く瞬間に上体が起き上がります。かつ①と同様に、上体を下に向けたまま横移動させ、上体を水平に戻すという2つの動きが生まれるので、時間がかかり、次の一歩目が遅れます。

さらに①②に共通するのは、目線をプレー目線に戻す際にブレが生じるということです。目線がブレると、正確な情報を早く取り入れるのが難しくなります。

目線を上にしてステップする人はいないと思いますが、上を向いてステップをすると、次の

図2‐43

方向に向く際に斜め下を向く状態になり、上体は起き上がりませんが、斜め下へ力が働くのでお勧めしません。

ステップをする際の目線は「プレー目線」を意識しましょう。

ステップの際の重心の位置

■ステップフットの付け根上あたりに重心を置く

ニュージーランド式ステップにおいて、重心の位置も重要な要素となります。重心とは質量の中心であり、身体の中で最も動きの少ない場所です。そこを中心としてさまざまな方向に回転できる場所である必要があります。では、重心の位置は身体のどこにあるのでしょうか？

身体の重心の位置は「身体重心位置（しんたいじゅうしんいち）」と呼ばれ、立っているときの重心の位置は骨盤内（仙骨のやや前方）にあるといわれています（※男女差があります）（図2-44）。

図の丸の部分が一般的な重心の位置といわれています。

大人の重心はおへそよりも少し下にありますが、子どもの場合は重心がおへそよりも上にあるそうです。子どもは身長が低いですが、身長に対して頭が大きいため重心の位置が高くなります。子どもが転びやすいのはこのためのようです。

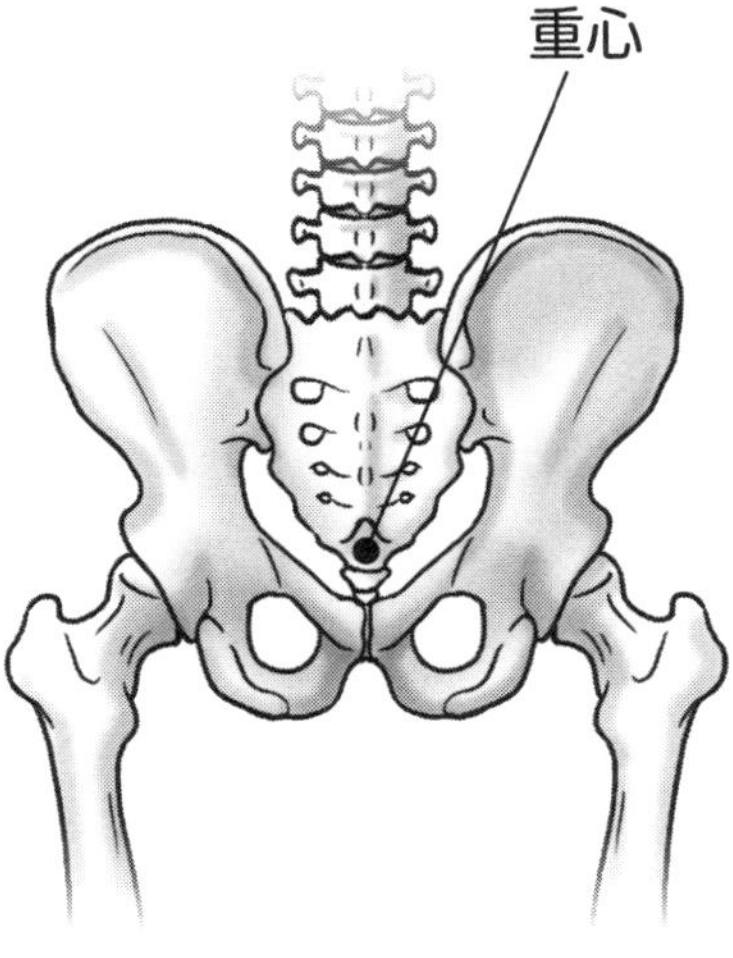

図2-44

身体の重心は常に変わりませんが、重心を前後左右上下と移動させることで、人は動いています。

ではステップした際、重心の位置をどこに移動するのでしょうか？

ステップフットの上？　後ろ足の上？　それとも真ん中？

ニュージーランド式ステップにおいては重心の位置を真ん中に維持します。

真ん中＝ステップフットの付け根上あたりです（※後ろ足が地面に着いていることが条件となります。後ろ足に関しては後述します）（図2‐45）。

図を見てわかるように、この位置の上に重心があることで、進行方向に進む力に対して、ブレーキをかけた際に、うまく床反力をステップフットの付け根の方に向け、ブレーキをしっかりかけることができます。そして、その力を次の進行方向へ生かすことができます。真ん中の上に重心を置くことでステップした際の重心の横移動が少なく、足のどちらにも重心が乗っていないので、次の方向へ移動させやすくなります（図2‐46）。

■ステップフットの上に重心が乗ると怪我のリスクが高まる

僕がレッスンをする中でよく目にするのは、ステップフットに重心が乗ってしまう方です。

重心がステップフットの上に乗るとどうなるのでしょうか？（図2‐47）

図2－45

写真を見るとわかりますが、重心の位置がステップフットの上にあると、進行方向に進む力に対して、床反力の向きが真上になります。結果、床反力によるブレーキの力が弱くなり、ステップフットの筋力で踏ん張ることでブレーキをかけることになるのです。

さらに、重心が真ん中からステップフットへと横移動して、そこから次の進行方向へ移動させるため、重心の横移動が大きくなり、速く移動させることが難しくなります。結果、ステップ後の一歩目が遅れます（図2－48）。

こうなると床反力ではなく、筋力で次の進行方向へ動こうとするので、膝から下にかけての動きが内旋になってしまいます。この膝下の内旋はステップフットにブレーキとアクセルの両方の負担をかけるので、疲労しやすくなり、膝や足首を捻る可能性が高くなります。

では、重心が後ろ足の上に乗る場合はどうなる

図2－47

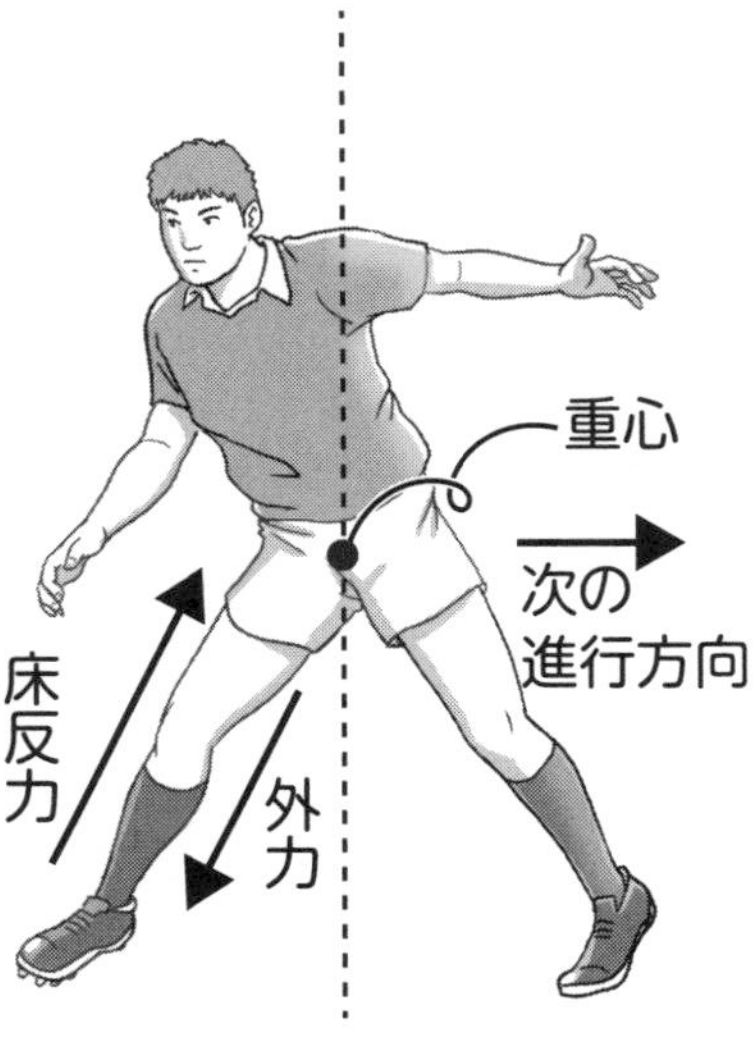

図2－46

図2-48

でしょうか?

前述の「上半身の角度の目安」の項目でも書きましたが、重心が後ろ足にあるということは、上半身も後傾してしまいます。そのため、ステップフットを前に出すのが難しくなり、出したとしても滑りやすくなることに加え、DFへのコミット力が低いのでお勧めしていません。

■ステップ後の重心移動

ステップ後の重心の移動はどうすべきでしょうか?

ステップ後の重心移動は、ステップした際と高さを変えずに水平移動させます(図2-49)。

水平移動させることで、ムダなロスをすることなく、力を最大限に次の進行方向へ生かすことができます。また頭の高さもほぼ変わらないので、目線もプレー目線を保つことができ、状況判断に必要な情報をより正確に取り入れることができます。

重心を斜め上下に移動させるのはお勧めしません。力も重心の移動と同じ方向に向かうので、斜め上の場合は上体が起き上がり、一歩目が遅くなります(図2-50)。

図2-49

斜め下の場合は重心が低くなり、そのせいで身体が倒れないようにするため、足を前に出しやすくなります。しかし、前に足を着くということはブレーキをかけることになるので、これもまた一歩目が遅くなります（図2-51）。

そして、ともに目線も上下にブレます。ゆえに、ニュージーランド式ステップでは重心の位置は「真ん中」に維持し、ステップ後は水平移動することをお勧めします。

図2-50

図2-51

リードフットでステップフットを導く

■リードフットも接地して重心を保つ

ニュージーランド式ステップではステップフットの逆の足をリードフットと呼びます。リード（Lead）＝誘導するという意味があります。何を誘導するのかというと、相手と自身の身体です。グースステップの際、このリードフットの見せ方ひとつで相手を誘導し、コミットすることができます（※詳細は第3章で説明します）。また、自身のステップフットも誘導するためにリードフットの動きが重要となります。

では、ステップフットを誘導するとはどういうことでしょうか？

ニュージーランド式ステップではステップフットを前に出すため、ステップフットの印象が強いですが、実はステップフットが地面に着く前に、このリードフットを斜め後ろに引くことで、ステップフットが前に出るように誘導しています。

では、斜め後ろにリードフットを引くと、ステップフットが前に出るのはなぜでしょうか？

人は走るときに、左右の足を交互に上げ下げして前に行く力を生み出していますが、これは左右の足の連動を利用しています。ゆえに上げている足を勢いよく下ろすと逆足も勢いよく上がってきます。この連動を上下の動きではなく、前後の動きにするとどうなるでしょうか？　斜め後ろに下ろすと逆足は斜め前に出やすくなります（図2‐52）。

この連動を利用することで、自分の意思でステップフットをより速く前に出すことができます。つまりステップフットをリードしているのです。

ではリードして終わりかというと、リードフットにはまだ別の役割があります。

それは斜め後ろに引いた際、地面に接地し、身体を支えることです。

つまりリードフットは、ステップフットが接地したときには同じく接地している必要があります。

なぜ接地する必要があるのかというと、重心を身体の真ん中に保ち、次の動き出しをスムーズにするためです（※重心を身体の真ん中の位置で保つ理由に関しては「ステップの際の重心の位置」を参照してください）。

なぜリードフットが接地していることで、重心を真ん中に保てるのかというと、ステップフットのみの接地の場合、力がステップフットのみにかかり、重心がステップフットに乗ってしまいます。しかし、2本の足が前後に着くと力も分散され、ステップフットのみに負荷がかかるのを防ぐことができ、結果、身体を支えられるからです（図2‐53）。

■リードフットを着くタイミング

レッスンをしていると、こんな選手が見受けられます。ステップフットがうまく使えて、ブレーキをかけることができても、動き出しが遅いために相手に捕まってしまう選手です。

その理由のひとつとして、このリードフットがあげられます。

図2－52

リードフットが斜め後ろに接地せず、浮いているのが原因です。そのため、ブレーキをかけた後、重心がステップフットに移動してしまい、動き出しが遅れます。またはその結果、ステップフットが前に出すブレーキではなく、ただの着地になってしまいます。そのため、床反力を有効的に使うことができません。リードフットが着いていることでステップフットをより前へ出し、深くステップもすることが可能になるのです。

リードフットを着くタイミングは、ステップフットが接地する直前、または同時をお勧めしています。ステップフットで急ブレーキをかけるのですが、その前にリードフットが接地することでワンクッションが入り、ステップフットにかかる力を減少させるイメージです。もしくは同時に接地することで、力を分散させています。

ステップフットが着いてからリードフットの接地が起きると、前述したようにステップフットに重心が移動してしまうので、一歩目の動き出しが遅くなります。

■リードフットの着き方

リードフットを斜め後ろに引いた際の着き方は2つあります。

ひとつ目はベーシックな形で、母指球からつま

図2－53

先にかけて着く形です。

リードフットの膝、つま先の向きを正面にしたまま、斜め後ろに直線的に引きます。その際、股関節も斜め後ろに向けて伸展します（図2‐54）。

この方法は直線的な動きとなるので、比較的すぐに実践しやすいです。

2つ目は、足の内側面全体を着けます。

リードフットを斜め後ろに引く際に股関節を少し外旋させます。すると、膝とつま先の向きが身体に対して外側を向いた状態になり、足の内側面全体を着くことができます（図2‐55）。

足の内側面全体で着くと、ひとつ目の着き方よりも重心を落とせるため、足がより前に出やすくなります。ひとつ目は母指球で着いているため、踵が浮いている状態となりますが、内側面全体で着くと、踵も地面に着き、高さが変わるため重心をより落とすことができるのです（図2‐56）。

図2-54

図２－５５

図２－５６

ステップ後の一歩目

■アクセルとブレーキを両足で使い分ける

ステップ後の一歩目はステップフットでしょうか？　それともリードフットでしょうか？

ニュージーランド式ステップと日本主流のステップの大きな違いのひとつでもありますが、みなさんもうおわかりですね？

答えはリードフットです。

ステップフットはブレーキの役割、リードフットはブレーキのサポートとアクセルの役割を持っています。ステップフットでブレーキとアクセルの2つを行うと、怪我のリスクがある旨は前述しました。ゆえにリードフットでアクセルをしていきます。

車のブレーキとアクセルを連想すると、わかりやすいと思います。

僕らは右足で両方のペダルを操作しますが、右足だけで2つのペダルを操作するのと、両足で役割分担して、操作するのではどちらが速く動かすことができるでしょうか？

右足だけだとアクセルペダルからブレーキを急にかける際、右足を移動させるぶん時間がかかりますよね？　しかし左足にブレーキがあれば、ブレーキの判断をした際にすぐにかけることができます

（※車の場合、マニュアルでクラッチを左足で操作する必要があるので、右足での両ペダル操作になっていると思いま

す。またあえて右足で操作することで、両ペダルを同時に踏むなどの誤作動の防止もあると思いますので、決して試さないでください)。

■ステップ後の一歩目は〝重心の下〟

よりよいアクセルにするためには、一歩目をどこに着くとよいのでしょうか？
「ステップ後の一歩目で速く動き出したい」というのは誰もが思うことです。
レッスンを通じて、「ステップした後に加速ができない」などの悩みや質問が選手から僕のところによく来ますが、ステップ後の一歩目が原因の場合もあるので、ぜひ、自分の現状を確認してみてください。

では、質問です。

みなさんはステップ後の一歩目はどこに着くように意識していますか？

ニュージーランド式ステップでは、ステップ後の一歩目は「重心の下（お尻の下）」をお勧めしています（図2-57）。

ステップフットが着いた際、重心は真ん中にあります。リードフットを重心の下にスライドさせて着くことで、重心を次の進行方向に移動させる

図2-57

前に、上下左右と余計な重心移動することなく、スムーズかつ、最大限の力を発揮して移動ができます。

なぜかというと、人は動き出す際、足を曲げている状態から伸ばすことで力を生み出しているのですが、この重心の下に着くことで、足を曲げている状態から伸ばした際に力の向きを前に向けることができるからです。また上半身の前傾も保つことができるので、頭の高さも変わらず、速く動き出す姿勢ができます（2－58）。

■〝重心の下〟以外に一歩目を着くと……

重心の下より前に一歩目を着くとどうなるのでしょうか？（図2－59）

重心より前に一歩目が着くので、まずブレーキの作用が働きます。さらに、そこから一歩目の上まで重心を移動させるので、ブレーキと重心移動という2つの余計な動きが生まれるぶん

図2－58

動き出しが遅れます。

　また重心を移動させる際、前への力を生み出すために膝に屈曲から伸展が起きるのですが、重心より前に足を着くと、重心を一歩目の上に運ぶ動作が生まれ、運んでから膝の伸展、もしくは運びながら伸展が起きます。そのため力の方向が斜め上に働き、重心が高くなり、上体が起き上がりやすくなります（図2-60）。

　また足を前に運ぶ際にステップフットでアクセルをかけやすくなるため、ステップフットの負荷が大きくなります。動き出しが遅くなり、さらには怪我につながるのでお勧めしません。

　ステップフットの近くで着く場合はどうでしょうか？（図2-61）

　このケースは、重心の下に一歩目を着くようにレッスンで伝えるとよく起きます。

　ステップフットの近くで着くと、動き出す際は重心の下に足が着くことになるので、一歩目

図2-59

図2-60

自体は速く動けます。しかし、ステップフットが着いてから一歩目が着くまでに、重心が真下からステップフットへ移動してしまいます。結果、余計な重心移動が生まれ、動き出しが遅れてしまうのです。（図２‐62）

■ステップ後の一歩目の運び方＝スライド

なぜ、ステップ後の一歩目を「重心の下」に着くのかはご理解いただけましたか？
次にリードフットを重心の下にどのように運ぶのかを説明していきます。
この運び方を間違えると、せっかく重心の下にリードフットを運んでも、動き出しが遅れてしまいます。

お勧めする運び方は「スライド」です。ステップした際、後ろに着いているリードフットを重心の下にスライドさせます（図２‐63）。

このスライドが最短距離、時間で重心の真下まで足を移動させる方法です。スライドさせる際はスパイクの内側（土踏まずからつま先にかけて）を擦らせます（図２‐64）。

内側を擦らせることで、股関節の外旋が起き、次の進行方向へ膝、つま先が向いたときに踏み出

図２－６１

図2-62

図2-64

図2-63

すことができます（図２‐65）。

ステップした際にスパイクの内側が汚れているか、土のグラウンドであれば擦った後に土が飛んでいるかを見ると確認できます。

このスパイクの内側が擦れて破れるのは、ステッパーあるあるです。

では、間違った運び方はどのような動きかというと、足をスライドではなく浮かせてしまうことです。

足を浮かせてしまうと、ステップフット一本で支えることとなり、重心がステップフット側に移動しやすくなります（図２‐66）。

重心が移動するということは、移動するぶん時間と力がかかり、結果、動き出しが遅れます。

また膝、つま先を次の進行方向へ向けるために、足が浮いている間に股関節を外旋させるのですが、その際に浮いているぶん、一度ステップフット側に行ってから接地するので時間がかかります。さらに、ステップの角度が鈍角になりやすいです。写真で比較すると、ハッキリと違いがわかります（図２‐67）。

もしくは、股関節を外旋できずに接地するパターンもあります。この場合は下半身が次の進

図２－65

図2-66

図2-67

行方向に向かないため、さらにステップの角度が鈍角になります（図2‐68）。

■ステップ後の一歩目の着き方

着く位置、運び方について説明しましたが、最後は「着き方」です。

どのように足を着けば、もっとも一歩目を加速できるのでしょうか？

それは次の2つのポイントが重要です。

①母指球からつま先にかけて着く（※踵を浮かせる）。
②脛を前傾させる（図2‐69）。

この2つができると、接地したときには上半身が前傾となり、膝を屈曲から伸展にした際に力の方向は前方となって、最大限の力をスムーズに発揮することができます。

イメージとしては、クラウチングスタートがわかりやすいでしょうか？

クラウチングスタートの姿勢をその場で作って

図2‐68

図2‐69

みてください。

お尻を持ち上げた際、前足の踵、そして脛はどうなっていますか？

踵は浮き、脛は前傾になっていますね？　それが一番効率よく最大限のパワーを発揮できると、身体は無意識にわかっているのです。

では、なぜ踵を浮かせるのか。クラウチングスタートの際、前足が身体を運ぶメインとなり、最後は母指球で地面を踏むことで身体を前に運びます。しかし、踵がべたつきの場合、重心が若干後方に位置するため、その重心を移動させるために、踏み出す前に足裏全体から母指球へと力をかけていくという余計な動きが必要となります。踵が浮いていれば重心が前側になり、母指球で踏み込んで足を伸展させると、力は前方に働き、身体を前に運ぶことができます。

脛は、踵が浮いているかどうかに連動します（図２‐70）。

では実際に、踵を浮かせるパターンとべたつきにするパターンで、それぞれスタートしてみてください。

べたつきパターンは脛を前傾にするのが難しく、スタートが遅れるのがわかりますね。


ステップ後の一歩目は、速く動くことができる姿勢を作ることが重要です。その姿勢は、上半身は前傾、一歩目は重心の真下で踵を浮かせ、脛を前傾にした状態です（図２‐71）。

踵がべたつきになると脛の前傾が浅くなり、上半身も脛と同じく、立ちやすくなります。さらに重心が一歩目の若干後ろになりやすいので、ムダな重心移動が生まれ、動き出しが遅れてしまうのです

図2-70

（図2-72）。

図2-71

図2-72

身体を浮かせて抜く

■爆発的なパワーを生み出す

レッスンを通じて、選手たちには最終的にオリジナルステップを作ってもらいたいと伝えます。そのオリジナルステップを作るうえで、欠かせない要素があります。それは「身体を浮かせる」ことで、ニュージーランド式ステップにおいて重要なポイントです。

この「身体を浮かせる」という要素を入れることで、ステップのキレはもちろん相手をズラしやすくなります。「身体を浮かせるって？」となる方も多いと思いますが、グースステップではリードフットを上げるために、逆足で踏み切った際に身体を浮かせた状態を作っています。アイランダーステップも同様で、身体を浮かせた状態からステップをするなど、そのほかのステップでもニュージーランド式ステップでは両足が地面に触れていない、身体が浮いている状態を作ります。この身体を浮かせることが、ニュージーランド式ステップではとても重要な要素です。

では、なぜ身体を浮かせるのでしょうか？

それには自分自身の身体のメリットと、相手をコントロールするメリットがあります。

まずは身体のメリットから説明します。

身体を浮かせることで、足の瞬発力と爆発的なパワーを生み出すことができます。

瞬発力と爆発的なパワーは、筋肉を弛緩した状態から一気に収縮させることで生まれるのですが、足の筋肉を弛緩させることが実は難しいのです。

なぜなら、人は地面の上に立っているだけで足の筋肉に力が入り、収縮している状態となります。重力によって、地球の中心に向かって引っ張られる力が常に働き、それに対抗するためです。つまり地面に足が触れている限り、足の筋肉を弛緩させることは難しいということです（図2‐73）。

みなさんに聞きます。走っているときに、急に足の筋肉を緩めることができますか？

レッスンでもこの実験を選手にしてもらうのですが、できる人はいません。もしできたとすると、その場で一瞬にして倒れるという神業です。

しかし身体を浮かせることで、足が地面に触れていない状態を作ることができます。地面に触れていない足は筋肉を弛緩できるので、着地と同時に収縮させて、瞬発力と爆発的な力を生み出すことができます。

■他競技でも見られる筋肉の弛緩からの収縮

実際に筋肉が弛緩をすると、瞬発力と爆発的なパワーを生み出すことがわかる例をボクシングで

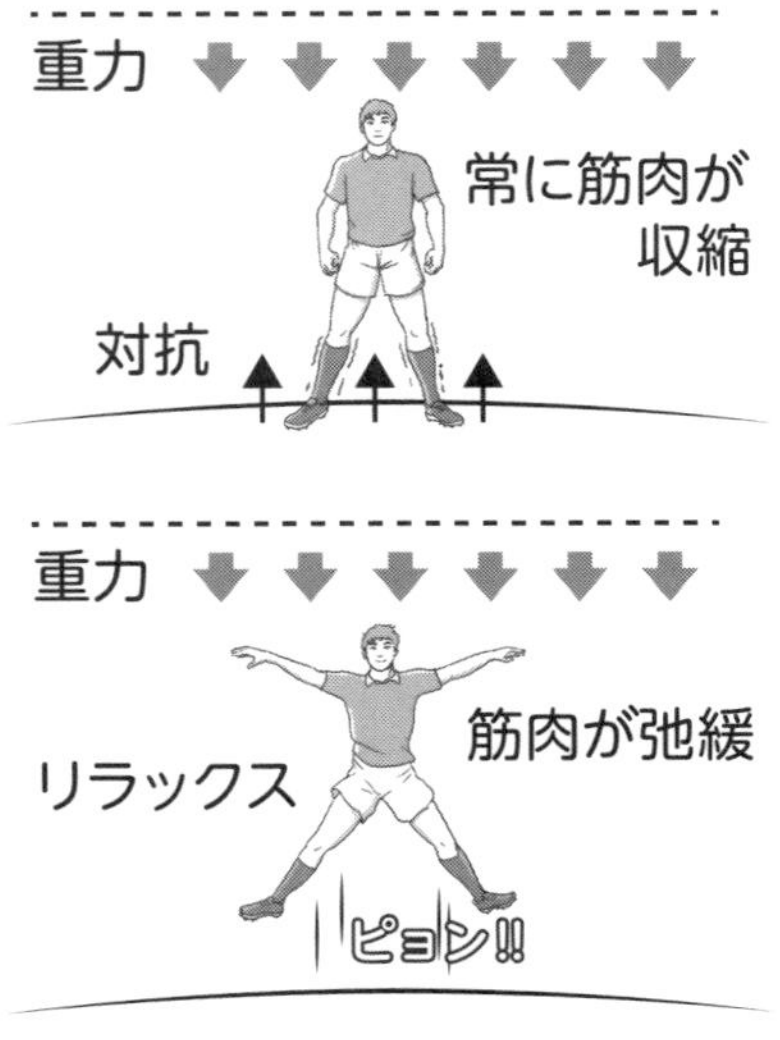

図2－73

説明します。

ボクシングのパンチを打つ際、どうすれば速いパンチを打てるでしょうか？　次の二択から考えてみてください。
①力を入れず、リラックスした状態から動かす瞬間に力を入れて打つ。
②強く力を入れた状態からそのまま打つ（図2‐74）。
①の打ち方の方が速いパンチを打つことができます。ボクサーのシャドーボクシングを見てもわかるとおり、パンチを打つ動作の前に指をギュッと握り込んでいる選手はいません。軽く握った状態から当てる瞬間に強く握っています。これは筋肉を弛緩した状態から一気に収縮させることで、スピードを生み出しているのです。
それに対して②の打ち方は、パンチを打つ前から筋肉を収縮させた状態になるためスピードは劣ります。しかし物を押し続けたり、支え続けるなど力を持続させる動きに向いています。

ゆえに①の打ち方の方が速いパンチとなるのですが、足でも同じことがいえます。

足の筋肉を弛緩した状態から一気に収縮させることで、瞬発力と爆発的なパワーを生み出すことが可能です。そのために身体を浮かせます。

シュッ!!
リラックスしていると…
速く強く打てる!!
ブンッ!!
力んでいると…
速く打てない
図2－74

ほかにも身体を浮かせる動きを取り入れて、速く動くことを実現しているスポーツがあります。それはテニスや野球です。

テニスの試合で、サーブの際にレシーバーは何をしているでしょうか?

サーブが打たれた瞬間に、レシーバーは身体を小さく浮かせて、着地と同時に動き出します。

テニスではスプリットステップといわれていますが、これは両足で軽くジャンプし、足の筋肉を弛緩させ、着地と同時に収縮させることで速い動き出しを生み出しています。野球の守備でも同じことをしています。

身体を浮かせない状態で動き出そうとすると、爆発的な力を生み出しづらいだけではありません。どちらかの足でグッと踏み込むのですが、そのときに踏み込む足に重心を一瞬移動させてから行きたい方向に移動するので、時間もかかってしまい、その結果、速く動けなくなります。そのためテニスや野球では、動き出す瞬間に両足をべたつきにすることがないのです。

■身体を浮かせてブレーキをかける

では、ニュージーランド式ステップとスプリットステップは、同じものなのでしょうか?

その答えはNOです。

スプリットステップは着地の際、母指球でつき、力を入れて動き出します。ラダーのように速く重心移動をするためのブレーキではなく、アクセルが求められます。しかし、ニュージーランド式ステップは相手をコミットする動きが必要なため、ブレーキが求められます。このように身体を浮かせるところは一緒ですが、その後の動きには違いがあるのです。

ニュージーランド式ステップの場合、身体を浮かせることで、自身のスピードを減速させ、ステップフットをより前に出すことを可能にしています。

つまり、普通に走っている状態でステップフットを前に出すことは、実は難しいのです。足を前に着くためには重心を低くする必要があるのですが、スピードがある状態で急に重心を低くし、減速しないまま足を前に出すと、足が外力に耐えられません。よほど足の筋力がある場合は可能かもしれませんが、難しいのが実情です。

実際に試してみるとわかると思うので、ダッシュしている状態で、ステップフットでブレーキをかけてみてください。ほとんどの場合ステップフットが狭く出て、止まり切れず、2〜3歩進んでから止まる格好になると思います。

ステップフットを前に出してブレーキをかけるためには、スピードを減速する予備動作が必要になります。その動作は歩幅を小さくすることで可能です。また身体を浮かせることで、力の方向が弧を描くので、そのぶん減速させることができます。

またニュージーランド式ステップでは、リードフットを引くことでステップフットをより前に出すことができるのですが、身体を浮かせないとリードフットが地面に着いている状態のため、引くことが難しくなります。そのためステップフットを前に出すのが難しく、小さなステップになってしまうのです。

■身体を浮かせることでDFを混乱させられる理由

身体を浮かせることで生まれる身体のメリットはご理解いただけましたでしょうか？

次に相手をコントロールできるメリットについて説明します。

身体を浮かせることで、どのように相手をコントロールするのでしょうか？

DFは浮いている人を見ると、足を止めたり、減速しやすくなります。

なぜそのようなことが起こるかというと、身体が浮いている状態の場合、着地の際にそのまま進行方向に加速するのか、ステップして方向転換するのかわからないためです（図2－75）。

これもよくレッスンで行う実験ですが、僕が斜めに走りながら身体を浮かせ、選手たちには身体が浮いている間にどちらに行くかを予想して、指差しをしてもらいます。すると、当たる人と外れる人はだいたい半々になります。

当たった人に「なぜわかったのですか？」と質問をすると、ほとんどの人が「勘です」と答えます。これは相手の動きを勘で判断していることの証明で、つまりは身体が浮いていると、どちらに行くのかがわからないということがご理解いただけたかと思います。

図2－75

どちらに行くかわからないとなると、DFは2つの選択肢を持って動かなければなりません。すると、浮いてから着地するまでの間にDFは何をするかというと、勘で守ることは難しいので、「見る」という作業をします。その際に多くのDFは足を止めたり、減速したりするのです。

さらにアタック側が身体を浮かせると、アタック側自身も実は走っているときよりも減速します。それに合わせてDFも動くので減速したり、足を止めたりしてしまいます。

DFが足を止めたり、減速したりするとブレーキがかかった状態になり、次の動き出しで加速するのにワンテンポ遅れが生まれます。しかし、アタック側は身体を浮かせて減速はしているものの、浮いている間も重心は前進し続けていて、さらに着地と同時に瞬発力と爆発的なパワーで動き出しができるため、速く動くことが可能です。

さらに浮いている間に、前に進んでいるアタック側とブレーキをかけるDFとの間にギャップが生まれます。結果、着地と同時に加速するとそのギャップがより大きくなり、相手を置いていくことが可能となります。

もし、DFが足を止めずにそのまま動き続けているのであれば、着地と同時にステップをすることでかわすことが可能です（図2-76）。

この身体を浮かせている状態でアタックはDFの状態を見て、その後の動きを判断することも可能なため、相手をコントロールできます。

実際にニュージーランド式ステップではグースとグースステップ、ジャンプグースとアイランダーステップと同じ入り方で身体を浮かせることが可能なため、DFの動きを見て、チェンジオブペース

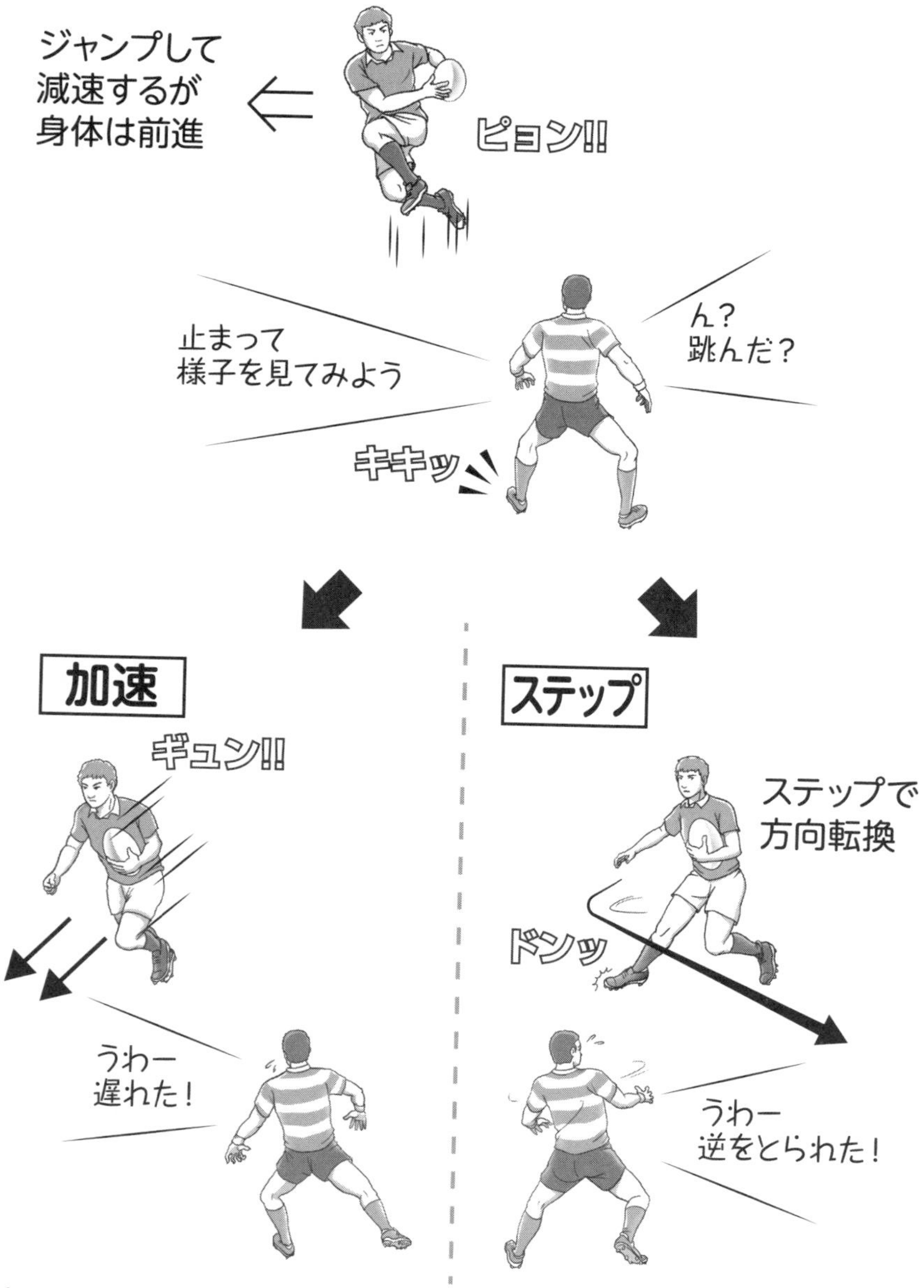
ジャンプして
減速するが
身体は前進
ピョン!!
止まって
様子を見てみよう
ん？
跳んだ？
キキッ
加速
ギュン!!
うわー
遅れた！
ステップ
ステップで
方向転換
ドンッ
うわー
逆をとられた！

図2-76

かステップを選択することもできます。

■浮かせる高さと距離に注意

身体を浮かせるにあたって、注意すべきこともあります。それは、浮かせる高さと距離です。

身体を高く浮かせてはいけないということではありませんが、高く浮かせれば浮かせるほど、踏み切りから着地の軌道が前方ではなく、上から下となり、力の向きも下方向に大きく働きます。

着地が前方への軌道であれば力が斜め前下に働くので、その力を生かしながら加速することが可能です。かつブレーキをかける際も、斜め前に外力を与え、床反力も股関節に向かって受けやすくなります（図2‐77）。

しかし上から下の軌道の場合、力が下方向のため、ほぼ足の力で加速しなければなりません。かつステップの際も外力が2方向に働くため、床反力も弱くなりやすいです（図2‐78）。

図2－77

身体を浮かせているのに瞬発的かつ爆発的な動き出しができないという方は、高く飛びすぎている可能性がありますので、ぜひご確認ください。

また相手との距離も重要です。身体を浮かせているのに、ＤＦが足を止めずに着地と同時にタックルでクリーンヒットされたり、簡単に捕まるという人は、相手との距離が近い状態で身体を浮かせている可能性があります。

近い距離で高く浮いてしまうと、間合いを詰められ、着地と同時にタックルされてしまいます。

また距離が近い場合、ＤＦからすると内側のコースを消すことができているので、選択肢がひとつになります。そのため足を止めずに思い切って間合いを詰めることができるのです。

図２－７８

ボールの持ち方

■両手で持つことで「パス」が選択肢になる

ステップをするにあたり、ボールの持ち方も重要なポイントです。

みなさんはステップする前に、ボールを片手で持ちますか？　それとも両手で持ちますか？（図2-79）

ステッパーとしては、基本的に両手で持つことをお勧めします。

では、なぜ両手で持つのでしょうか？

それは常に「パス」の選択肢を持ってプレーできるからです。ステッパーの武器はステップだけでなく、「パス」も武器になります。

ボールを持って走っているときに常にボールを両手で持つことで、「パス」の選択肢が生まれ、DFからすればパスで来るのか、ステップで来るのかがわからないため、よりコミットしやすくなります。

図2-79

■ステップの際はリードフット側の手で持つ

では、ステップするときもずっと両手で持っているべきなのでしょうか？

答えはＮＯです。

もちろんステップする際も両手で持っているのは問題ありませんが、お勧めはリードフット側で持つことです（図２‐80）。

なぜかというと、ステップの際に重心移動が起きますが、その重心移動をスムーズにするためにボールの重さも利用するのと、ステップフット側の腕でバランスを取るためです。

ステップフット側の腕でバランスを取るとはどういうことでしょうか？

ステップを踏む際には下半身はもちろん、上半身にも力が働きます。このとき上半身はステップフット側に回旋する力が生まれるのですが、手の平を地面、または身体の外側に向けることで、肩甲骨がしまり、壁ができ、回旋の力にブレーキをかけることができます（図２‐81）。

手の平が内側や上に向いてしまうと、壁ができず、回旋方向へ一緒に動きやすいので、体幹の力だけで上半身を踏ん張ることになるため、負荷が

図２-80

強くなります。また上半身も回旋しすぎてしまいます（図2-82）。

ボールをステップフット側で持つと、腕でのブレーキができなくなるため、上半身が回旋しすぎてしまい、上半身を次の進行方向に向けるのに時間がかかり、ほんのわずかの差ですが動き出しに遅れが生じます。さらにDFに対してボールが近い位置になり、ボールに触れられるリスクもあります。

両手で持った際も同じことが少なからず起きます（図2-83）。

ゆえにステップの際は、リードフット側でボールを持つことをお勧めしています。

■ボールを片手に持ち替えるタイミング

では、どのタイミングでボールを片手に持ち替えるとよいのでしょうか？

それは、ステップフットが地面に接地する直

図2-81

図2-82

図 2 - 8 3

前です。

「常に両手で持て」という指導者もいますが、ステップフットが地面に接地すると同時にパスすることはないので、その瞬間は片手でも問題ありません。また前述したメリットもあるので、むしろ片手の方がよい場合もあります。

そして、ステップフットが接地した後はパスの選択肢を持ちたいので、すぐに両手でボールを持ちます（図2‐84）。

しかし、DFとの距離によってはハンドオフが必要とされるので、状況に応じた判断が必要になります。

ハンドオフに関しては、①自分の対面のDFに対してのハンドオフと、②内側のDFに対してのハンドオフの2パターンがあります。
①はステップフット側の腕がフリーになっているので、その腕でそのままハンドオフをします。
②は、ステップ後にまず両手でボールを持ち、その後ボールを持ち替えてハンドオフをします（図2‐85）。
ステップの練習をする際は、ボールの持ち替えとハンドオフ、パスの選択肢をイメージする

図2‐84

図2-85

ことをお勧めします。

最初に両手でボールを持つことをお勧めしましたが、現代ラグビーでは片手でパスを放ることも多くなっています。この片手パスもオプションに入ると、ボールの持ち方はシチュエーションによって変わってくるといえます。

両手で持つことが「絶対」ではないことをぜひご理解ください。

第 3 章

あらゆるステップを身につける

グースステップを極める

■魔法のようだけどシンプルなステップ

ニュージーランド式ステップの代名詞でもあるグースステップですが、レッスンをしていると見ているだけでは一瞬何をしているのかわからず、実践するのが難しいと思っている方が多いなという印象を受けます。僕自身もはじめてグースステップを生で見たときは何が起きたのかわからず、魔法をかけられたかのように魅了されたのを今でも覚えています。

しかし、実際のグースステップの方法はとてもシンプルで、多くの選手がレッスンを通じてできるようになります。方法を知れば、日本人でもオールブラックスの選手のようにグースステップを踏むことができますので、ぜひお試しください。

■グースステップのやり方

それでは、グースステップの方法を説明していきます。

①DFに近い方の足（リードフット）を上げると同時に身体を前方に運び、浮かせる。
②リードフットを後ろ斜め方向に引く。
③ステップフットを接地する（※リードフットも同じタイミングで接地する）。

④リードフットで一歩目を踏み出す（図3－1）。

いかがでしょうか。実は足を一回入れ替えてステップをするだけでグースステップができます。動きとしてはシンプルですが、実際には動きながら足を入れ替えるという動作は、今までにやったことがないという方がほとんどかと思います。そのため、最初は運動神経がつながっていない場合が多く、ぎこちなくなるかもしれません。

まずは足を入れ替えるという動きを身体に教えこませる必要があるので、そのための方法を説明していきます。

その方法のひとつは、足じゃんけんです。みなさん、小さいころにやったことがあると思いますが、まずはグーチョキパーの動きを確認しましょう（図3－2）。

■ステップ①：両足をそろえたグーの状態で軽くジャンプをして、身体が上から落ちるときにチョキの姿勢を作ります（図3－3）。

図3－1

図3-2

このとき前に出す足がステップフット、後ろに引く足がリードフットとなり、同時に地面に接地します（※どちらかの足が先に地面に接地することがないようにしましょう）。

またチョキで地面に接地するとき、ブレーキと床反力がしっかり生まれているかなど、ステップフットの着き方を意識しながらやりましょう。

■ステップ②：両足をそろえたグーの状態から、片足（リードフット）を上げて、その場でケンケンをします。ケンケンで身体が上から落ちるときに、リードフットを斜め後ろに引いて、チョキの姿勢を作ります（図3-4）。

■ステップ③：片足（リードフット）を上げて、前に進みながらケンケンをします。そして浮いた身体が下に落ちていくときに、リードフットを斜め後ろに引いて、チョキの姿勢を作り、ブレーキをかけます（図3-5）。

動画で確認

図3-3

動画で確認

図3-4

動画で確認

図3-5

慣れてきたらブレーキをかけた後に、斜め前に進んで方向転換まで行いましょう。

方向転換する際、最初は顔を次の進行方向に向けることだけを意識しましょう。方向転換の意識が強くなると、ステップフットでアクセルもかけやすくなります。顔を向けるだけで、上半身と骨盤が進行方向に向くので、自然と動き出すことが可能となります（図3‐6）。


ステップ③までできたら、最後はステップ④のジョグをしながら実践します。

ステップ③まではリードフットを上げた状態からスタートしているので、リードフットを引くだけの動きでしたが、ステップ④ではリードフットを上げることからスタートします。

ジョグからの場合のポイントは、リードフットを上げると同時に逆足で踏み切り、身体を少し浮かせることです。

動画で確認

図3－6

入り方のタイミングは「（ジャン）ケン・チョキ」です。

「ケン」でリードフットを上げるのと同時に逆足で踏み切って身体を少し浮かせ、地面ギリギリのところで「チョキ」で足を入れ替え、ステップフットを接地します。このとき、リードフットもほぼ同じタイミングで接地します（図3-7）。

■グースステップがうまくいかない典型的パターン

グースステップがうまくいかないパターンとしてよくあるのが、次の2例です。

①足を入れ替えるタイミングが早い。

②リードフットを斜め後ろに引いていない。

①では、身体がまだ浮いている状態でリードフットを引いている場合が多く見受けられます。この状態でリードフットを引くと、身体が下に落ちるときには既にステップフットも前に出ている

動画で確認

図3-7

ため、地面に対しての外力は小さくなり、ただの着地となってしまいます（図3 - 8）。

もしくはリードフットだけが接地してしまい、あとからステップフットが接地する形になります。この場合もただの着地となることが多いです。

ただし、あえてリードフットを先に接地してステップする場合もあります。

これはステップに入る前のスピードが速い場合、リードフットを先に接地することでワンクッション入れて、ステップフットのオーバースピードでのブレーキを防ぎます。さらにはスピードがあまりない場合に、リードフットで身体をより前に加速させることもあります。

②の場合は次のような理由からうまくいきません。リードフットの項目でも説明しましたが、左右の足は連動していて、上げている足を下ろすことによって逆足が上がります。そのため「チョキ」で足を入れ替える際、上げているリードフットを斜め後ろに引かずに、ステップフットだけを前に出そうとしてもあまり前に出ず、リードフットも浮いたままの状態で地面に着地してしまいます。

またリードフットを引いていても、真後ろに引いてしまっている場合もリードフットが浮いてしまい、ステップフットがあまり前に出ず、ただの着地になってしまいます（図3 - 9）。

図3 - 8

入れ替えと着地がうまくいかない方は、①や②のパターンになっていないか、よく確認してみてください。

■ グーステップはなぜ効果的なのか

グーステップは、なぜDFをズラすのに効果的なのでしょうか？

グーステップは特殊な動きのため、相手が引っかかると思いがちですが、前述の説明のとおり、動き自体はとてもシンプルで足を入れ替えているだけです。ではなぜ、足を入れ替えるだけでDFをズラすことができるのかというと、リードフットを上げた姿勢がキーポイントになります（図3‐10）。

みなさん、図3‐10の写真をご覧ください。パッと見て、このボールキャリアがどちらに行くかわかりますか？

そのまま進行方向に走ると思う方が多いのでは

図3‐9

図3‐10

ないでしょうか？

DFも同じように、このボールキャリアの姿勢を見て、進行方向にそのまま進むと判断し、追いかけます。つまりDFをリード（誘導）し、コミットすることができるのです。コミットすると同時に、足を入れ替えてブレーキをかけるため、DFは急には止まれず、ボールキャリアの正面に立つか、または追い越すこととなり、ズレが生まれるという仕組みです（図３‐11）。

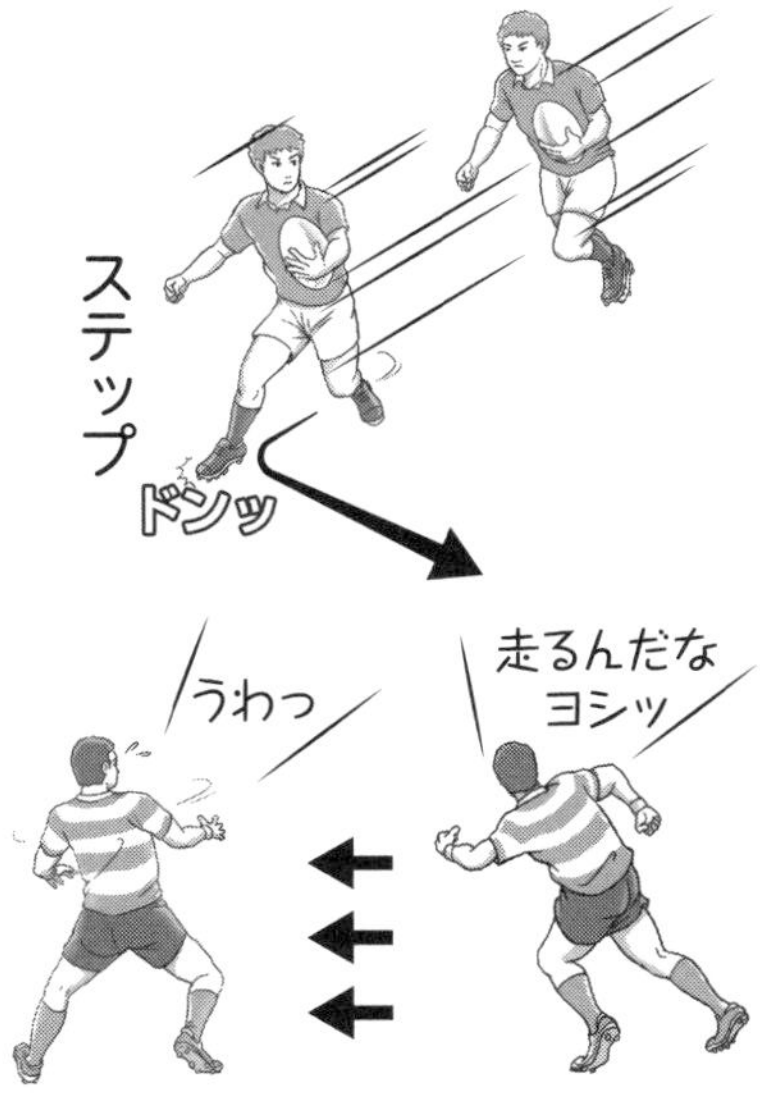

図３－１１

グースステップのキレを生み出すのは リードフット

■リードフットは〝引き〟を重視

グースステップのキレを上げるためには、ステップフットの地面に対する外力を強くする、すなわちステップフットの接地するスピードを速くする必要があります。

そのスピードをコントロールするのが、リードフットの引きです。

リードフットとステップフットは連動しているので、リードフットをゆっくり引けば、ステップフットもゆっくり前に出ます。速く引けば速く出るので、キレを上げるにはリードフットを引くスピードを速くすればよいのです。

動画で確認

リードフットを引く際は、足の付け根を起点にすることで、ステップフットとの連動が生まれます（図3-12）。

リードフットではなく、ステップフットを速く前に出そうとすると、後ろにある足を筋力で動かすことになるので、遅れが生まれます。かつリードフットがそのまま残りやすくなるので、ステップフットがブレーキではなく、ただの着地となり床反力を有効的に利用できません。

またリードフットを意識するとなると、上げることに意識が行ってしまう選手もレッスンでは多く見受けられます。

リードフットを上げることに意識が行くと、本当は〝引き〟に使いたい力の配分が、上げる方に使われてしまいがちです。上げる方に力が行けば行くほど、それ以上に引くための力が必要となり、結果、上げる方の力が強くなってしまい、引く力が弱くなり、キレが生まれないことになります。

力の配分のイメージとしては、リードフットを上げる力を2割、引く力を8割くらいがよいです。

■キレを生み出すためのリードフットの運び方

キレを生み出すリードフットですが、運び方に次の方法があります。

①直線的な運び
②弧を描く運び（図3-13）

①②ともに運び方として間違いはありませんが、より便利で効果的なのは①の直線的な運びです。

直線的な運びとは、足の上げ下げの動きを直

図3-12

図３－１３

線にすることです。

直線にすることで、最短距離と最速で上げ下げができ、かつ効率よく力を伝えることができます。そのため、通常グースステップをする際、DFとの間合いが十分ある状態で踏むことが多いですが、相手との距離が近い場合などでも使うことができ、早打ち（※膝を小さく上げて、そこから引く動き）でステップをすることができます（図3-14）。

かつ足の上げ方が実際に走る姿勢と同じになるので、DFをコミットしやすいです。

では、どのくらい直線的に足を上げたらよいのでしょうか？

お勧めは、膝の位置が身体の前に出て、かつ足の付け根よりも低い位置です（図3-15）。

なぜかというと、この位置が実際に走る姿勢に近く、付け根を起点に直線的に斜め後ろに引くことができるからです。

動画で確認

図3-14

足の付け根よりも膝が高くなると、上げる力が大きくなり、引くのに力を費やすことが難しくなります（図3-16）。

また骨盤が後傾するため、真下に下ろすには直線的に運べてよいですが、斜め後ろに引くには弧を描く軌道になることに加え、上半身も丸まりやすくなります。結果、ステップフットが地面に接地した際に上半身が丸まったままになってしまうことが多いです（※注意：のちほど紹介するグースと同じフォームにするために、あえて骨盤を後傾させてステップすることもあります。そのときのポイントはグースの項目で説明します）（図3-17）。

また膝が前に上がっていない場合もうまくいきません（図3-18）。

この場合、膝が前に出ていないので、引く動きをすると斜め後ろ下ではなく、真後ろに足が動きやすくなります。するとリードフットが浮いてしまい、ステップフットのみの着地になりやすいで

図3-16

図3-15

す（図3－19）。

または、リードフットを地面に接地するために、膝下だけを下ろす動きになります（図3－20）。この場合、膝下だけが動くことになり、ステップフットとの連動が生まれません。先にリードフットが地面に接地し、その後にステップフットが接地するため、タイミングがズレて強いブレーキを生み出すことができなくなります。

■DFとの距離が遠い場合は弧を描く動きも有効

②の弧を描く運びは力の向きも弧を描くため、足を引くのにより力を使う必要があります。しかも、リードフットの付け根から足首まで面となって引くことになるので、空気抵抗も大きくなり、速く引いてキレを生むという意味では①の直線的な運びには及びません（図3－21）。

しかし弧を描くぶん、動き自体は大きく見せることができるので、DFとの距離が十分にあれば

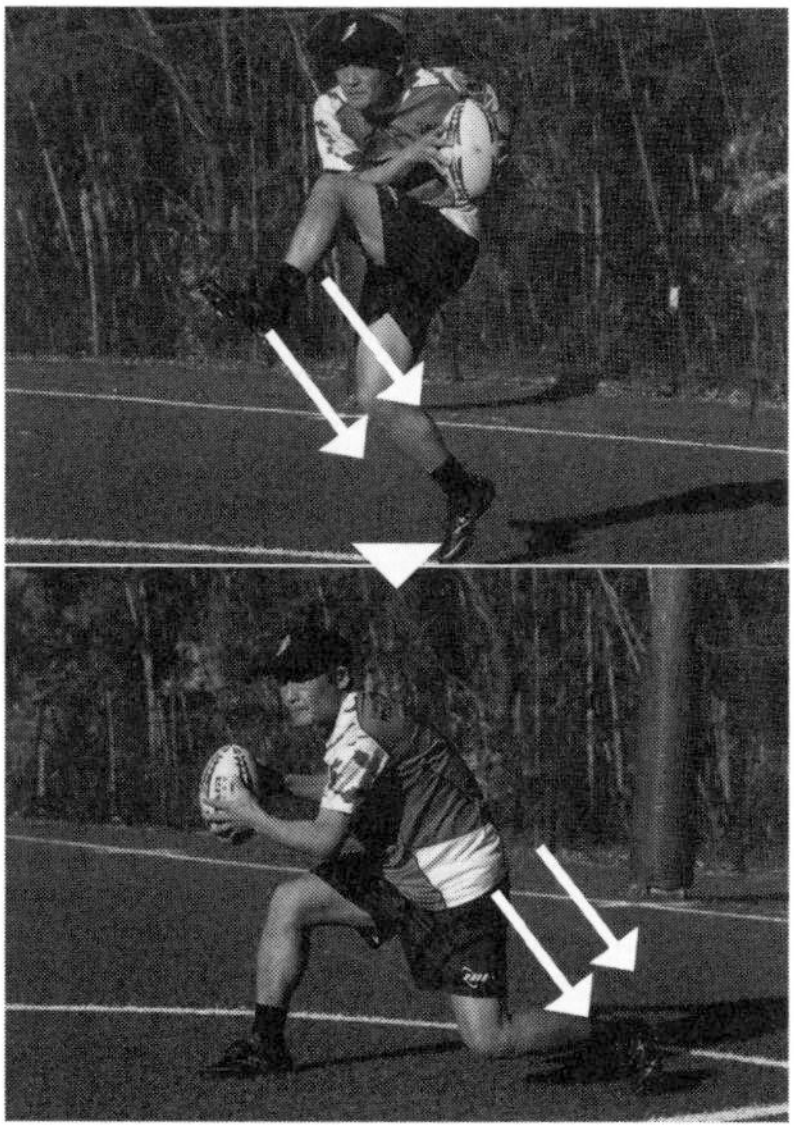

図3－17

図3－18

図３－２０

図３－１９

図３－２１

動画で確認

効果的です。なぜかというと、小さな動きよりも大きな動きの方がより視界に入り、人は反応しやすいからです。人は近くで速く動くものに無意識に反応してしまう性質があり、動きが小さく速いのは、近い距離の場合は有効といえます。

遊びの「あっちむいてほい」は、まさに近くで速く動くものに反応してしまうのがわかる例です。相手の指さす方についつい引っ張られてしまう経験は、みなさんもあるのではないでしょうか？

また遠い距離の場合は、胸の前で小さく手を振るのと、大きく腕全体で手を振るのでは視界への入り方が違います（図3-22）。

ゆえに①②は、相手との距離によって使い分けるのをお勧めします。

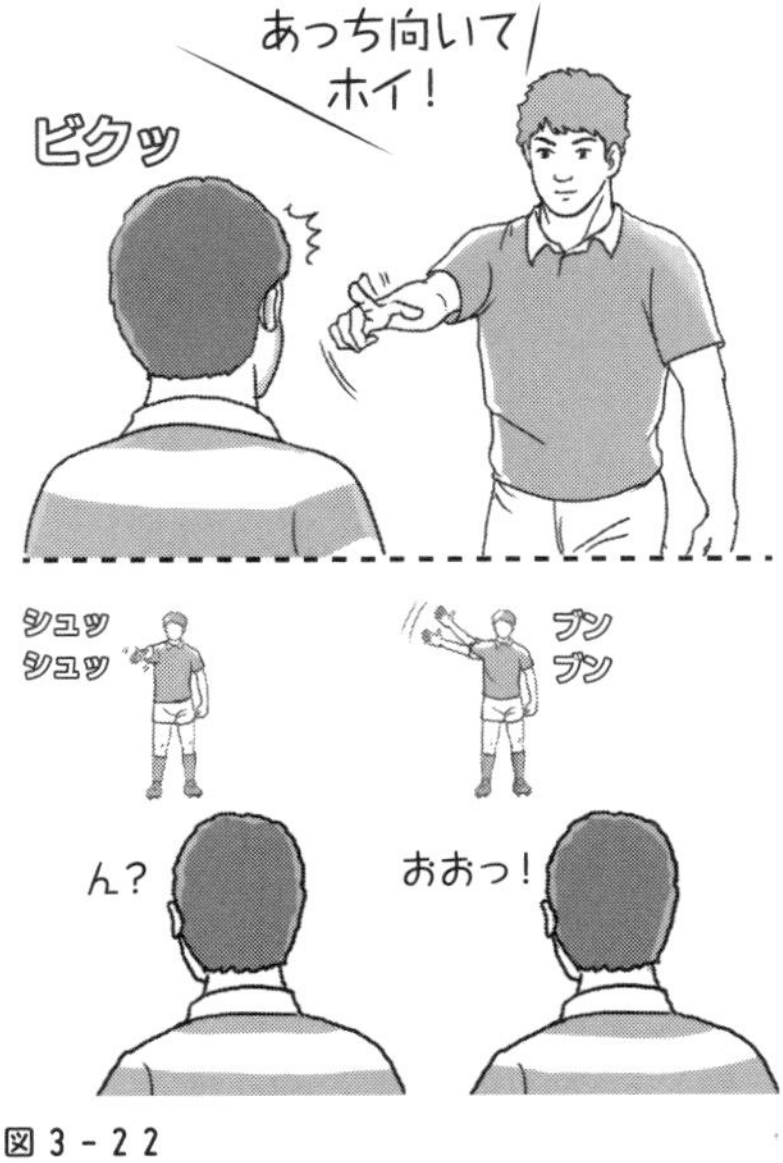

あっち向いて
ホイ！
ビクッ
シュッ
シュッ
ブン
ブン
ん？
おおっ！

図3-22

足首もキーポイント

■足首は常に「背屈」させる

リードフットの引きでキレを上げられること、そしてDFとの距離によって運び方を変えることもご理解いただけたでしょうか？

ここでもうひとつ、リードフットのある部分を意識するだけで、グースステップのキレがさらに増す方法を紹介します。

それは「足首」です。足首には大きく以下の2つの動きがあります。

・背屈（つま先を上にする動き）
・底屈（つま先を下に伸ばす動き）

※捻り、回旋の動きは省きます（図3-23）。

リードフットでお勧めするのは「背屈（つま先を上にする動き）」です。

なぜかというと、リードフットに必要なのは足を引く、または下ろす動きのため、足首を背

図3-23

屈することで力を加えやすくなるからです。

実際に試してみましょう。
①足を上げる際に足首を背屈した状態で下ろす。
または後ろに引く。
②足を上げる際に足首を底屈した状態で下ろす。
または後ろに引く。

背屈の方が力が入りやすいのではないでしょうか？ 底屈の場合は力が抜けてしまうのと、つま先が下を向いた状態で足を下ろすことになるので、地面につま先が刺さることになり、怪我につながります。背屈だと力が入りやすく、かつ地面に接地する際に母指球から着くことができます。

底屈は足を前に弧を描いて、振り出す動きに向いています。ボールを蹴るときなどは底屈した状態が多いです（図3-24）。

リードフットを上げて引く動きの中で、足首は常に「背屈」の状態にする。ぜひお試しください。

図3-24

■グーステップをする際に気をつけること

グーステップでは、リードフットの引きの連動でステップフットの接地するスピードを上げ、より強い外力を生みます。そのため、ステップフットのつま先の向きを内側にする、またはステップフットで次の一歩目の加速をしようとすると、膝を内旋、または足首が外力に耐えきれずに捻挫するなど怪我をするリスクが出てきます。

また、ステップフットが地面に接地する前に顔を次の進行方向に向けてしまう場合も、骨盤とステップフットが同じ方向を向いてしまい、床反力を利用したステップができないうえに、コミット力も弱くなります。さらに骨盤が次の進行方向に向くことで、ステップする前にＤＦにステップすることがバレてしまうので、気をつけてください。

アイランダーステップを習得する

■見る者を魅了する魔法のステップ

２０１５年にニュージーランド式ステップを日本で確立し、指導をはじめましたが、その当時グースステップという言葉は既にありました。グースステップは前述したとおり、軍隊の行進のひとつで足を入れ替えるステップのことをいいますが、クエイド・クーパー選手をはじめとする海外の選手は足の入れ替えだけでなく、身体を浮かせ、上半身を揺らしながらステップする姿をよく目にしました。このとき、これはグースステップとは別物であると感じ、呼び名をつけることにしました。それが「アイランダーステップ」で、僕自身が２０１５年に作った造語です。

なぜアイランダーステップという呼び名にしたかというと、このステップをするのがニュージーランド、フィジー、サモア、トンガなどの選手が多く、これら小さな島国の人たちをアイランダーと総称するため、アイランダーがするステップ＝アイランダーステップとなりました。

このアイランダーステップは、斜めに仕掛けているときもグースステップ同様に使うことができますが、さらに縦に走りながらも使うことができるので、とても便利かつ効果的なステップです。また上半身を揺らし、相手をかわす光景はまるで相手に魔法をかけているようで、見る者を魅了します。

そんなアイランダーステップも方法を知れば、日本人でもできます。そして、その方法はグースステップ同様とてもシンプルです。

■横系アイランダーステップ

まずは横系のアイランダーステップから、説明していきます。

①DFに近い足で踏み切り、身体を浮かせる。その際、逆足を上げる。

②上げた足がステップフット、踏み切った足がリードフットとなり、両足同時またはリードフットを少し早めについてからステップフットを接地する（図3‐25）。

①で踏み切った際に両足とも曲げることをお勧めします。リードフットを曲げるメリットとしては、地面に接地する直前にリードフットを斜め下後ろに引くのですが、足が伸び切った状態だと引く力が弱くなります。しかし、曲げていると伸展する動きと同時に引くことができるので、引く力を強くすることができます（図3‐26）。

またステップフットとなる足も曲げることで、キック足としてチェンジオブペースで足を蹴り出すことができ、かつステップのキレも上げられます（※ステップのキレの説明は後ほどします）。

②ステップフットは、「ニュージーランド式ステップの基礎」で説明した着き方をします。レッスンでは、身体を浮かせることで着地と同時に速く動きたい気持ちが強くなったがために、次のようなケースがよく起こります。多くの選手がステップフットでアクセルし、踵からの接地ではなく、母指球で接地したり、つま先が正面や内側を向きやすくなるので、気をつけましょう。

リードフットも基礎で述べた着き方と同じです。

動画で確認

図3-25

図3-26

■ 縦系アイランダーステップ

続いては、縦系のアイランダーステップです。

①踏み切って身体を浮かせ、同時に両膝を曲げた状態で身体の前に出す。

②身体が着地する直前に、リードフットを斜め下後ろに引いて接地。ステップフットを斜め前に接地する（図3‐27）。

①の踏み切り足は左右どちらでも大丈夫です。どちらかといえばステップフットと逆足で踏み切るとやりやすくなります。身体を浮かせる際は上半身を前傾させます。前傾させることで前への推進力がつき、かつ相手へプレッシャーをかけることができます（※詳しい説明は後ほどします）。また両膝を身体の前に出すことで、ＤＦはどちらでステップするかわかりません。さらに、ステップフットを斜め前に出しやすくなり、かつリードフットも引きやすくなります（図3‐28）。

図3‐27

動画で確認

膝が前に出ていないと、ステップフットを斜め前に接地するために膝下だけでなく、股関節を動かして膝を前に出す動作を直前に行うため、時間がかかり、接地するための強い外力を生み出すのが難しくなります。膝が前に出ていれば、接地直前に膝を前に出す手間を省くことができます。その結果、膝下を伸ばす動作のみとなるので、接地ギリギリまで力を貯められるため、強い外力を発揮することができます（図3-29）。

図3-28

②身体が着地する直前にリードフットを引くことで、ステップフットが斜め前に出やすくなります。さらに、リードフットをステップフットと同時または先に着くことで、ワンクッションが入り、重心を落としやすくします。先にステップフットが着いてしまうと、着地になりやすく、重心もステップフットに乗ってしまうので注意してください（図3-30）。

■縦系アイランダーステップを段階を踏んで習得する

縦系アイランダーステップの段階を踏んだドリルを紹介します。

■ステップ1：接地の感覚をつかむ

①肩幅に足を広げて立つ。

図3-29

図3-30

②上半身を軽く前傾させ、両足で前方にジャンプ。
③着地は足を肩幅より広くし、足裏全体とつま先は外側にする。
④着地したらそのまま前に移動（図3‐31）。
このとき最初は膝を伸ばしたままでよいですが、慣れてきたら、ジャンプとともに膝を前に出して折りたたみ、地面に接地する瞬間に伸ばすようにしましょう（図3‐32）。

上半身が立ってしまうと、着地しても身体が前に行かないので、前傾のままにすることが大切です。

■ステップ2：リードフットを引く感覚をつかむ

①肩幅に足を広げて立つ。
②上半身を軽く前傾させ、両足で前方にジャンプ。
③着地する直前にリードフットを後ろにスッと引く。

図3-31

動画で確認

④ステップフットは足裏全体、かつつま先は外側で着く（図3‐33）。

■ステップ3：踏み切りからの感覚をつかむ

①止まった状態から片足で踏み切り、ジャンプする。

②それ以降はステップ2の③④と同じ流れ（図3‐34）。

これに慣れてきたら助走をつけて、同じ流れを実践すると、縦系アイランダーステップの下半身のベースができます。

縦系の感覚をつかめれば横系も自然とできるようになります。

動画で確認

図3－32

動画で確認

図3-33

動画で確認

図3-34

アイランダーステップのキレとコミット力を上げる

■ポイント①足の折りたたみ

ステップのキレは、ステップフットが地面に対して外力を与え、どれだけ床反力を得ることができるかで変わります。外力を上げるためには、接地の際のスピードが必要になります。グースステップでは、リードフットの引きのスピードによってステップフットの接地するスピードを上げます。しかし、アイランダーステップでは、リードフットの引きに加えて足を折りたたみ、地面に接地する直前に膝下を伸ばすことでスピードを生み出します。DFからすれば最後の一瞬で速く動かれるので、つい反応してしまうため、アタック側はDFをコミットできるのです。

そのために、身体を浮かせた際に足を折りたたみます。

なぜ足を折りたたむ必要があるのかというと、グースステップと違い、アイランダーステップはステップフットとなる足を上げるため、足の入れ替えがありません。グースステップは足の入れ替えがあるので、その際にスピードを上げることができます。この入れ替えがないぶん、アイランダーステップはリードフットの引きだけでは十分なスピードが出ないため、膝を折りたたみ、伸ばす動作で補うという仕組です（図3-35）。

足を折りたたまないでステップをすることがダメなわけではありません。しかし、外力が小さくな

図3－35

るため、身体が上から下への着地になりやすく、ステップ後の一歩目が遅くなります。

■ポイント②首振り

横系アイランダーステップをする際には、「首振り」がより相手をコミットし、キレを生み出します。下半身は膝を折りたたむことでスピードを生み出しますが、上半身も下半身に合わせて動かすようにすれば、ステップのキレをより上げることができます。

どのような動きをするのか説明していきます。

①踏み切って浮いている間に、顔はDFを見ます。DFを見ることで、胸も顔と同じ方向を向きます。

②ステップフットを前に出すと同時に、ステップフットと同じ方向に首を振って一気に向けます。振る角度は45度がお勧めです。

上半身の項目ではステップフットが接地したら、次の進行方向に向けると書きましたが、この首振りをすることで、その動作がより速くなります。なぜかというと、首を45度に速く振ると、振った反動で速く元の位置に戻ってくる作用を利用するからです。

レッスンでも実施する実験ですが、次の2つの動作を試してみてください。

1：顔を正面に向けた状態から、45度で速く首を振って顔を正面に戻す。

2：顔を斜め45度に向けた状態から正面に戻す（図3-36）。

どちらが斜めの位置から速く正面に顔を戻すことができるでしょうか？

１の方が速く顔を戻せます。１は正面から斜めに顔を動かした反動を使って戻ってくるのに対して、２は筋肉を動かして、意識して戻るために遅くなります。

ゆえにステップフットが地面に接地する寸前に首を振ることで、接地した瞬間に反動を使ってすぐに次の進行方向に顔を向けることができます。

また首をステップフットと同じ方向に振ることで、顔も進行方向へ向くため、胸も同じ方向を向きます。結果、ステップする瞬間にＤＦに向いていた上半身も一気に進行方向に向くため、上半身も速く動き、ＤＦをコミットすることができ、キレにつながります。

縦系アイランダーステップも首振りによって、キレとコミット力を上げることができるのですが、さらにひと手間加えていきましょう。そのひと手間によって、上半身の揺れを生み出すのですが、それは首を振る前に助走をつけることです。

動画で確認

図３－３６

助走とは、首を振る前に、振る方向とは逆サイドに首をスライドさせることです（図3‐37）。

この助走をつけることでより速く首を振ることができます。スライドさせた際にお腹周りの体幹はブレませんが、バランスを保つために胸と肩が若干逆サイドにスライドします。結果、上半身に捻れが生まれ、これが揺れにつながります。

捻れた状態から一気に首を振って、相手をコミットしたい方向に顔と上半身を向けるため、よりスピードが生まれ、キレにつながります。

■縦系アイランダーステップでDFをコミットする

縦系アイランダーステップはスペースではなく、DFに向かって走ることで、DFの足を止めます。ではなぜ、DFに向かって走っていくと、DFは足を止めざるを得なくなるのでしょうか？

それはDFが移動してしまうと、アタック側の正面にスペースができ、トライまでの最短コース

図3‐37

を与えることになるからです。

では、ＤＦが足を止めるとどうなるのでしょうか？

アタックとしては、左右どちらにもステップできるスペースができます。うまいＤＦはどちらかのコースを消して、選択肢をひとつにして守るのですが、それができなくなってしまいます。そしてアタック側は、足を止めた状態から最後に上半身とステップフットを駆使してステップをし、ＤＦを左右どちらかにコミットします。そのため、ＤＦは一気に一歩踏み出し、ダッシュしなければならない状況を作ることができるのです（図３‐38）。

このように、ＤＦに向かっていくだけで足を止めるコミットはできるのですが、さらにＤＦにプレッシャーをかける方法があります。それは上半身を前傾させ、前方へ身体を浮かせることです。

上半身の前傾と前方へ身体を浮かせることには、２つの効果があります。

ひとつ目は、自分自身の身体を前へ運びやすくなることです。前傾することで頭が前に出るので、そのぶん重心の位置が前になります。さらに身体を斜め前に運びやすい足の着き方になるため、前方へ身体を浮かせた際に生まれる前への推進力をより生かすことができるのです。

上半身が立った状態の場合、重心の位置が骨盤

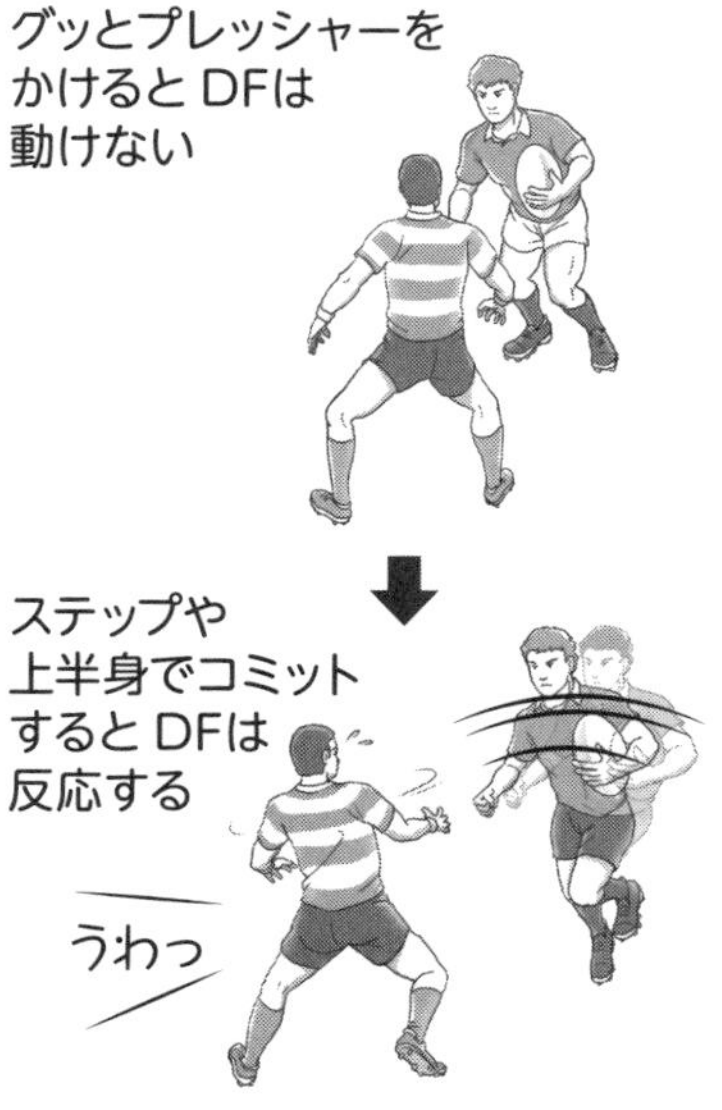
グッとプレッシャーをかけるとDFは動けない
ステップや上半身でコミットするとDFは反応する
うわっ

図３－３８

の上になるので、前傾ほど前への推進力は生まれません。また、上に身体を浮かせると推進力は弱くなります（図３‐39）。

２つ目はＤＦの姿勢が変わることです。前傾の場合はよりＤＦに向かうことになるので、ＤＦはコンタクトの準備体勢を取ります。その際ＤＦは重心を落とし、グッと力を入れるため、筋肉も収縮させます。または、アタック側のプレッシャーに押され、後ろ重心になります。その状態でステップすると、ＤＦはしっかりとコミットされ、見事なやられっぷりとなることが多いです。

上半身が立った状態、かつ上に身体を浮かせた場合でもステップでズラすことは可能ですが、ＤＦへのプレッシャーは小さくなり、ＤＦは筋肉をリラックスさせた状態で、どちらにも反応できる体勢を取りやすくなります。クエイド・クーパー選手のように瞬殺コミットが得意な選手はそれでも問題ありませんが、あまりお勧めはしません。

前傾し、前方へ身体を浮かせる。これが縦系ステップのコミットのポイントです。

図3-39

アイランダーステップとグースステップの違い

■DFとの間合いが遠いとアイランダーステップはコミットしにくい

グースステップとアイランダーステップでは仕掛けの部分でも違いがあります。

グースステップは足の入れ替えで相手を誘導しますが、アイランダーステップでは身体を浮かせ、ギリギリまで相手の体勢を見て判断し、ステップをすることが多くなります。

ゆえに、自分の動きによって相手をコントロールするのが得意な選手には、グースステップが向いています。逆に、相手の体勢や状況を見て判断し、プレーするのが得意な選手はアイランダーステップが向いています。もちろんどちらも相手をコントロールしたり、判断することはできますが、違いをわかりやすくいうとこのようになります。

またアイランダーステップは、ＤＦのギリギリ近くでステップすることが多いため、瞬殺コミットに向いています。しかし間合いが十分にあると、コミットがグースステップに比べて弱くなります。

グースステップは仕掛けた際にＤＦを走らせることができますが、アイランダーステップの場合は身体をグースステップより高く浮かせるので、ＤＦは走るというより減速することが多いからです。ステップしてもコミット力は小さく、多少ズレてもＤＦはそのまま追いやすくなります（※身体を浮かせる前の入り方などによっては、アイランダーステップでも十分に相手をコミットできるので絶対ではありません）。

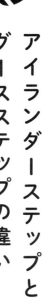

■上級者向けアイランダーステップ

通常のアイランダーステップでも十分に相手をコミットでき、ズラすことは可能です。しかし、よりキレを生み出す方法もあるので紹介します。

その方法はリードフットの引き上げです。

通常のアイランダーステップでは着地直前にリードフットを引き、ステップフットを出しますが、着地直前にリードフットを引き上げ、それから引きます。

これは横系、縦系どちらも実践できます。

右足でステップする場合は、次のようになります。

①左足で踏み切り、右足を曲げた状態で上げる。

②身体が下降しはじめるときに、左足（リードフット）を引き上げる。

③左足を引き上げたら、すぐに斜め後ろに引く（図3-40）。

この引き上げを入れることで、アイランダーステップにグースステップの要素である入れ替えも加えることができます。その結果、ステップフットの接地スピードをさらに上げることができるので、床反力も大きくなります。そのため、ステップのキレが上がります。またリードフットを引き上げると上半身の捻れが生まれます。その後、リードフットを斜め後ろに引き、ステップフットを前に出した際に捻れが元に戻る動作が一瞬で起きるため、上半身がより速く揺れます（図3-41）。

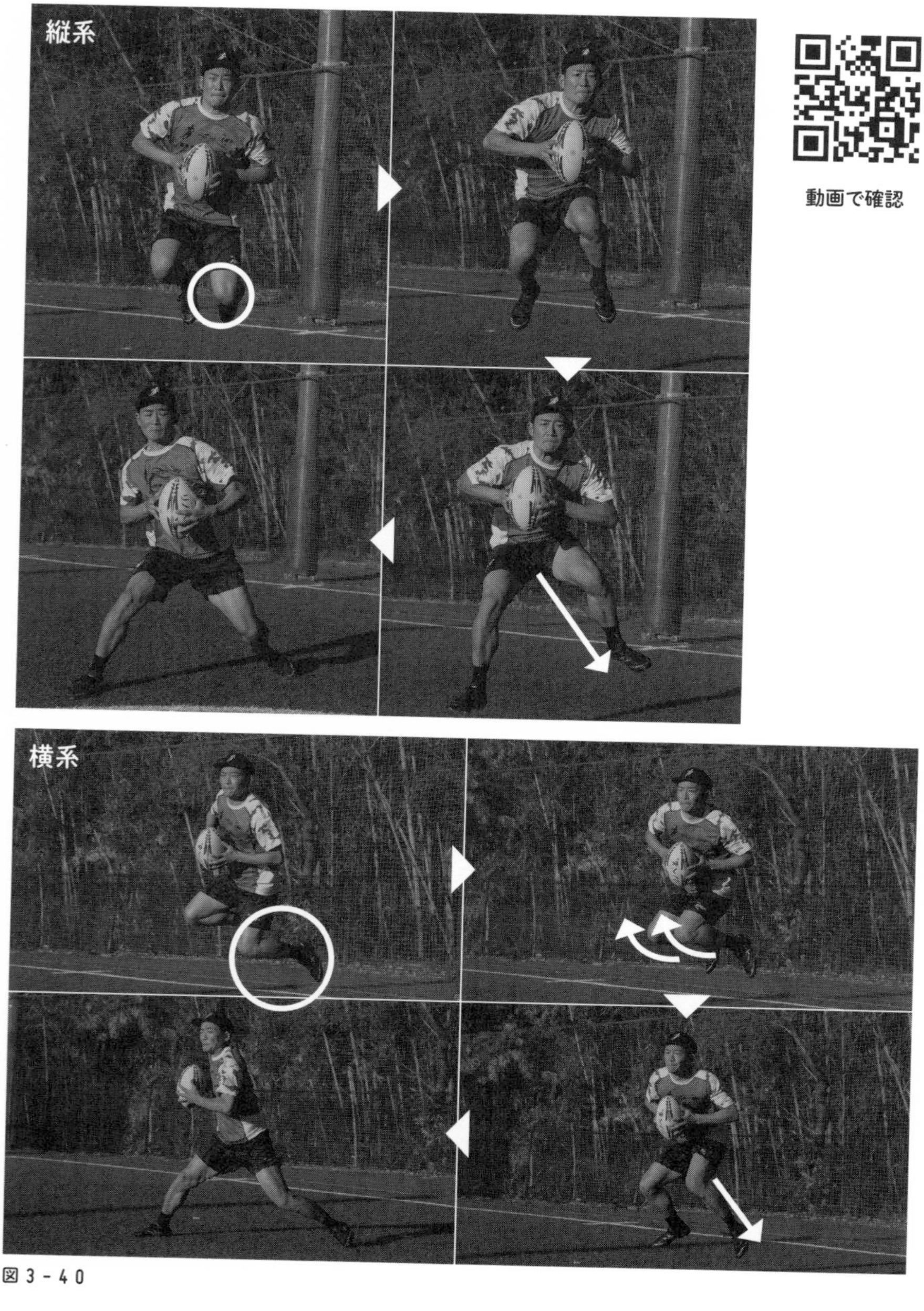

動画で確認

図3-40

図3－41

チェンジオブペース

■チェンジオブペースは確実にDFを惑わせる

ニュージーランド式ステップで欠かせない「チェンジオブペース」ですが、そもそもチェンジオブペースとは何でしょうか？

言葉のとおりペースをチェンジするのですが、ペースとは「歩き方・走り方・歩調・進み具合」を意味しており、それをチェンジ（変える）させるのです。日本語にすると、「緩急」といいます。このチェンジオブペースはとても効果的で、現在使っていない選手がいるとしたら、ぜひ今すぐ取り入れることをお勧めします。それこそ今すぐできることだからです。

なぜ、このチェンジオブペースをお勧めするのでしょうか？

それは確実にDFの足を止めたり、コミットすることができるからです。

理由を説明するにあたり、レッスンでもまず受講者にする質問があります。

「アタックとDF、どちらが有利ですか？」

みなさんはどちらだと思いますか？

正解はアタックです。なぜかというと、アタックは自分の意思で進む方向を選べるのに対し、DF

は自分の意思ではなく、アタックの動きに対して動かなければなりません。

そのため、アタックより先に動く、もしくは同時に同じ動きをするのはとても難しいのです。アタックの動きを目で見てから反応するため、ワンテンポのズレが生じて動き出しをすることがほとんどです。そのため、基本的にはアタックが有利なのです。

このアタック有利ということを理解して動くと、チェンジオブペースをより効果的に活用することができます。

では、どのようにしてチェンジオブペースを活用すればよいのでしょうか?

アタックが走っている際にスピードを緩めたり、止まったりすると、DFはそれに合わせて減速したり、または足を止めたりします。その瞬間にアタックは加速します。そうすると、DFは一歩遅れて動き出します。その一歩の遅れが生まれることで、アタックはそのまま加速して抜くか、ブレーキをかけてステップで抜くシチュエーションを作ることができるのです。

■チェンジオブペースはシンプル

レッスンの中でもよく行う実験があるので紹介します。

同じくらいの足の速さの選手2人がアタックとDFに分かれ、横並びになります。

10メートルの直線距離で、アタックはDFを振り切ってゴールを目指します。

DFはアタックの横にピッタリついていきます。追い越してもダメ、置いていかれてもダメです。

1本目は、アタックに10メートル先のマーカーまでダッシュをしてもらいます。すると、DFも同じくらいの足の速さなので、ほぼ横ピッタリとなり、振り切ることはほとんどできません。

2本目は、アタックは真ん中に行くまでに減速してから、ダッシュしてもらいます。すると、約8割の確率でDFは振り切られます。

動画で確認

アタックはただ減速して、加速しただけです。全力でダッシュするよりも余裕をもって振り切ることができたのです。

この実験が示すようにチェンジオブペースは効果的ですが、実際に使っている選手や知っている選手が少ないのが現状です。

では、チェンジオブペースはどのようにするのでしょうか？　誰でも今すぐできるシンプルなチェンジオブペースの方法を紹介します。

①進行方向へ向かって走る。
②1～3歩、歩幅を小さくし減速する。
③再度加速する（図3-42）。

たったこれだけでチェンジオブペースができます。とても簡単ですので、お試しください。

しかし僕自身は、このチェンジオブペースはほとんど使っていません。

それはより効果的かつ効率的な動きがあるからです。

その動きが「グース」です。

「グース」は1~3歩、歩幅を小さくして減速する動きをせずにチェンジオブペースができます。減速からの加速をひとつの動作でできれば、効率的で体力の負担も少なく済みます。ゆえに僕個人としては、通常のチェンジオブペースよりもグースをお勧めしています。

動画で確認

図3-42

グースを極める

■シングルスイッチグース

グース（GOOSE）とは第1章でも説明したとおり、ダチョウを意味しています。軍隊が足をピンと伸ばして行進する姿を見たことがあると思いますが、もともとはこの行進の形式のひとつとしてダチョウ足行進があります。

ラグビーでは、オーストラリア代表101キャップのスーパーレジェンドDavid Campese（デイビット・キャンピージー）という選手がグースの先駆けとなっています。

グースは大きく分けて、「シングルスイッチグース」「ジャンプグース」「ダブルスイッチグース」の3種類があります。

まずは、もっともベーシックなシングルスイッチグースの方法を紹介します。

①DFに近い方の足がリードフットとなり、リードフットを上げると同時に逆足で踏み切る。

②リードフットを地面に下ろすと同時に、逆足を進行方向に蹴り出す（※足を入れ替える形になります）。

③リードフットで地面を蹴り、身体を前に運んだら、蹴り出した足で走り出す（図3-43）。

このように、基本のグースステップ同様に足を1回入れ替えるだけの動きでシンプルです。

しかし、グースの動きは今までに経験したことのない動きとなる人が多いため、最初は身体が思うように動かないことがあります。段階を踏んでこの動きを習得する方法を紹介します。

■ステップ①

①片足を上げる。

②上げている足を素早く下ろすと同時に逆足を上げる（図3‐44）。

■ステップ②

①片足を上げる。

②上げている足を素早く下ろすと同時に逆足を前に蹴る（図3‐45）。

■ステップ③

①片足を上げる。

②上げている足を元の位置よりスパイク1足分、または半足分後ろに下ろすと同時に逆足を前に蹴る（図3‐46）。

■ステップ④

①片足を上げながらケンケンする。

動画で確認

図3-43

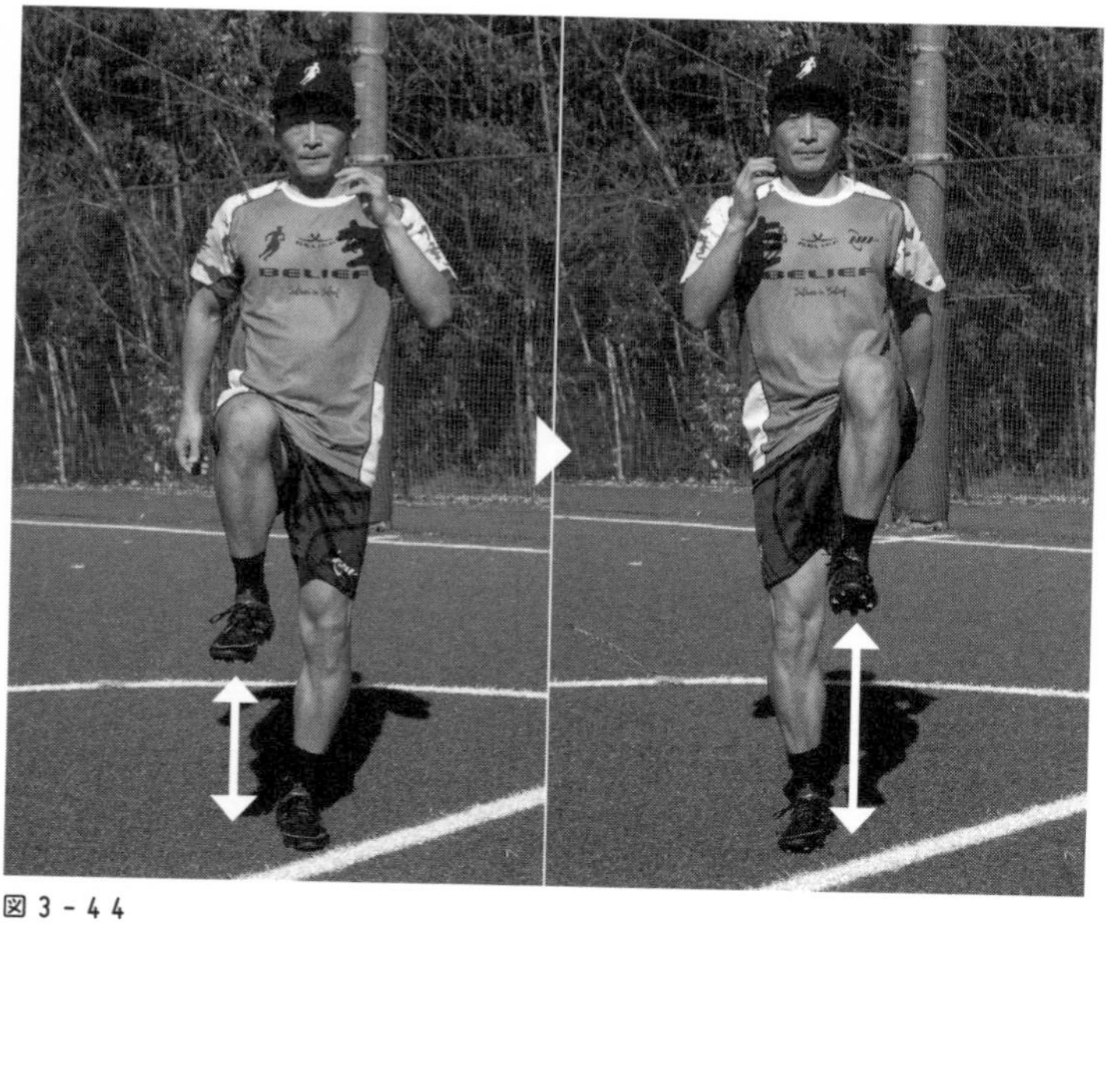

動画で確認

図3-44

動画で確認

図3-45

動画で確認

図3-46

②身体が下に向かうと同時に上げている足を素早く下ろし、逆足を前に蹴り出す（※足を下ろす位置はステップ③と同じ位置です）（図3-47）。

このステップ①～④で、足の入れ替えと身体を前に運ぶ感覚をつかめたら、ジョグしながら実践をしてみてください。

■グースが効果的な理由

なぜ、このグースが効果的なのでしょうか？

実践してみるとわかると思いますが、グースのリードフットを上げる動き出しと、グースステップの動き出しが同じです。そのためDFからすると、リードフットが上がった時点ではアタックがどちらに行くかわからず、最後に着地するまで判断が難しい状態になります。またアタックは、リードフットを上げている間に前に身体は移動しているものの、スピードは減速しているため、

図3-47

動画で確認

DFの位置、体勢を見て判断する時間ができます。さらにアタックの身体が前へ移動している間、DFの足は止まっているか、減速していることが多いため、両者の間にギャップが生まれやすくなります（図3‐48）。

DFの足が止まる、または減速している場合は、そのままグースで加速するとズレが生まれます。DFが足を止めずにアタックの正面にかぶってきたら、内側のコースが空くので、グースステップで切り返すことができます。

また「身体を浮かせる」の項目でも説明したとおり、リードフットを上げる際に身体が浮くため、着地と同時に、瞬発的かつ爆発的なパワーを発揮することができます。

グースは歩幅を小さくする際に、ブレーキをかける動きをせずに緩急をつけることができるため、足の筋肉への負担も少なく、お勧めです。

では、このグースをするうえでのポイントや注意点を説明します。

■リードフットの上げ下ろし方法

リードフットの上げ下げはグースステップ同様、大きく2パターンあります。ひとつ目は膝を曲げる、走るフォームと同じ直線的な動きです。

2つ目は若干膝を伸ばした状態で振り上げる、弧

図3‐48

を描く動きです（図3‐49）。

ひとつ目の直線的な動きは走るフォームに近いため、力を効率的に伝えることができます。

2つ目は弧を描くぶん、力を伝えるにはよりパワーが必要とされますが、大きく動くため、間合いがあるときはDFの足を止めやすいなど、基本的にはグースステップで説明したことと同じです。

どちらも効果はあるので、シチュエーションなどで使い分けるとよいでしょう。

■キック足

グースの特徴的な動きとして、キック足があります。それでは、なぜキックをする必要があるのでしょうか？

ひとつの理由としては、キックすることで力の方向を前に向けられるため、身体を一気に前方へと運びやすくしています。

図3－49

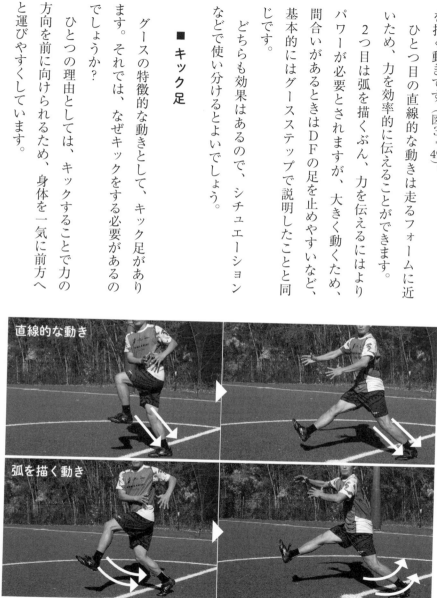

キックせずに、膝を曲げた普通の走る姿勢になると、力の向きが前と上の2つの方向に働き、加速が弱くなります（図3－50）。

通常、走っているときはキックせずに走った方が身体を前に運ぶことができるのに、なぜグースになると加速が弱くなるのでしょうか？　それは、グースでは身体を浮かせているからです。身体を浮かせるぶん、力の向きが走っているときよりも多少は上下に働きます。その中で膝を曲げた状態で足を振り上げると、斜め上に向かって上がります。つまり力の向きが斜め上と前方の2方向に働くのです。これを前に蹴り出すと、力の方向を前方へと伝えることができます（図3－51）。

またキックをすることで、視覚的な効果ももたらすことができると考えています。

キックする際、上半身は前傾になっていないため、前に進むというよりはその場に残っているように見えます。しかし実際は、リードフットとキック足で身体を前に運んでいるので、DFとアタックの間にギャップが生まれます。このような理由でグースでは足を蹴り出すのです。

■キック足はスライドさせる？　折りたたむ？

グースの中には、大きく分けてスライド派と折りたたみ派があり、それはキック足の運び方の違いです。それぞれシチュエーションなどで使い分けができるので、両方できるとよいでしょう。

■スライド派

リードフットを下ろす際、足の入れ替えのスピードを利用するタイプです。一定のスピードがある

図3-50

図3-51

ときや身体をあまり浮かせないときにお勧めです（図3-52）。

■折りたたみ派

リードフットを上げると同時にキック足を折りたたみ、リードフットを下ろすと同時にキックします。リードフットだけでなく、キック足でも加速を生み出すタイプです。

止まっていてスピードがないときや、ジャンプグースなど身体を上げるときにお勧めです。リードフットの力だけでは、加速の力が弱いときなどにも使えます（図3-53）。

※注：折りたたみタイプでグースをする場合、折りたたんだ際、足首は底屈となります。そこから前に蹴り出す過程で背屈にしていくことが多くあります。

グースで重要なのは「加速すること」ですが、「グースの加速がうまくいかないのですが、どうすればいいでしょうか？」という質問をよく受けます。

うまく加速できないのにはもちろん理由があるのですが、ひとつではありません。

次にあげるのが、グースで加速させるためのポイントです。

・リードフットを着く位置
・足の入れ替えのタイミング
・足首（蹴り出し足、降ろす足）の動き
・キック足の着き方
・骨盤の前傾後傾

動画で確認

図3-52

動画で確認

図3-53

それぞれについて説明していきます。

■リードフットの着き方でキレを増す

リードフットを地面に下ろすスピードが速ければ速いほど床反力が生まれ、前への加速につながりますが、いくら速く下ろしても着く位置が悪ければ、加速することができません。

では、どこにリードフットを着くとよいのでしょうか？

それは身体の真下、もしくは半足ぶん後ろの位置となります（図３-54）。

この位置に着いたときに、すでに重心が真上に乗っているため、そのまま前に効率よく動けます。

また身体の真下に着くことで、接地後すぐに足を伸展することができるため、床反力もスムーズに受けられます。

しかし、リードフットが身体より前に着いてしまうと、重心が後ろにある状態となり、重心が足の上に移動するまでに時間がかかります。また足が屈曲した状態で着くため、ブレーキがかかり、そこから伸展して身体を前に運ぶことになるので、加速が難しくなります。

どうしても速く前に加速したくなるため、足を前に着きやすいですが、お勧めはしません。

図３-54

また後ろに着きすぎることも、力が伝わらないため、お勧めしません。

後ろに着きすぎると、なぜ力が伝わらないのでしょうか？

それは足が伸びてしまって、足裏の接地面もつま先だけになり、重心が足の着く位置よりだいぶ前にあるため、上半身も前傾になり、前につんのめる形になります。そのため、リードフットで蹴り出してすぐに逆足がバランスを取るので、重心より前で着くこととなり、加速力のない状態でブレーキまでかけてしまうこととなります（図3-55）。

レッスンの中で、足の着く位置でよく例えているのは自転車です。

身体の真下に着くことがアクセルで、身体より前に着くことはブレーキです。

後ろに着くことは、チェーンが外れて空回りしている状態と説明しています。

図3-55

そのため、ステップでブレーキをかけたいときは身体よりも前に足を着きます。加速させたいときは身体の真下です。後ろに着くことはありません。

ご自身のリードフットの着いている位置をぜひご確認ください。

■足を入れ替えるタイミング

ワンテンポ加速がズレてしまうという方は、足を入れ替えるタイミングに原因があることが多いです。では、入れ替えのタイミングはどのくらいがよいのでしょうか？

それは、リードフットを下ろしはじめた際に入れ替えがはじまり、着いたときには前に蹴り出している状態です（図3‐56）。

このタイミングで入れ替えると、リードフットが接地したときに、キック足で身体を前方へと同時にガイドすることができます。

図3－56

この入れ替えが遅いと、前述した加速にワンテンポのズレが生じる状態になります。

なぜかといえば、リードフットが地面に接地した際にキック足がまだリードフットの真横にあるため、リードフットが一旦着地の動作になり、キックに合わせて身体を前に運ぶパワーを発揮します。つまり、接地と同時に床反力を生かして身体を前に運びたいのに、逆に床反力を吸収して、筋力で身体を前に運ぶことになります。そのため、そもそもの加速のスピードも遅くなってしまうのです（図3-57）。

足の入れ替えに関しては同時に行うことをぜひ意識してみてください。

ダンスムーブのポップコーンというムーブが、足の入れ替えのタイミングをつかむ練習としてお勧めです。

図3-57

■キック足は足首を背屈させる

足の入れ替えを意識しても、キック足や加速が遅くなってしまう原因としてあげられるのが、足首の動きです。

まず足首には次の２つの動きがあることは、グースステップの項目でも説明したとおりです。

■背屈（つま先を上にする動き）

■底屈（つま先を下に伸ばす動き）

キック足でお勧めするのは「背屈」で、その理由は以下の２つです。

・膝下の軌道が直線的になり、力を前へ運ぶことができる。

・底屈の場合は弧を描く動きになり、力が斜め上に逃げやすい（図３‐58）。

背屈と底屈の違いは、次のとおりです。

■背屈

・前腿の筋肉に力を入れやすい（収縮がしやすい）。

・足を伸ばす（蹴り出す）のに最短距離で時間がかからない。

・前腿の筋肉で蹴り出す勢いを止めることができるので、力の向きを前へもっていける。

・下ろす足が、地面を蹴って生まれる力をタイミングよく伝えることができる。

図3-58

■底屈

・前腿の筋肉に力を入れづらい（収縮がしづらい）。
・足を伸ばす（蹴り出す）のに弧を描くため、時間がかかる。
・力が斜め上に向かい、そのために前腿の筋肉に力が入りづらいことで、勢いを止められない。そのため股関節でやっと勢いを止めることになり、力が斜め上へ行きやすい。
・蹴り出しのタイミングが遅れるので、下ろす足で地面を蹴って生まれる力もタイミングがずれ、伝わりづらい。

これらの違いを体感できる実験があるので、紹介します。その場でできるので、実際に試してみましょう。

まずは両足立ちの状態から、片足を上げます。そして、膝を曲げた状態から蹴り出します（図3-59）。

このとき、足首を背屈と底屈でやってみてください。前述の説明を体感できるはずです。

足首に関しては、リードフットも背屈をお勧めします。足首を背屈させると、地面に向かって足を下ろす際、力が入りやすくなります。しかし底屈の場合、そのまま着くと足の指を地面に突き刺すことになるため、底屈から背屈する動きが加わります。それがムダな動きになることに加え、底屈の状態で足を下ろすのは力が入りづらいため、背屈にする必要があるのです。

みなさん、「地面にある空き缶を踏みつぶしてください」といわれたら、どのように踏みますか？

自然と足首を背屈させますよね。逆に、足首を底屈させながら足の上げ下げをしてみてください。

動画で確認

図３－５９

力が入らず、気持ち悪い感覚になることでしょう。ニュージーランド式ステップでは、足首は「背屈」がポイントです。

■キック足の着き方

リードフットの着く位置、入れ替えのタイミング、足首の背屈がうまくできるようになっても、次の一歩目が遅いという方もレッスンを受ける選手の中には多くいます。その原因がキック足の着き方です。

グースで特徴的な動きのひとつがキック足ですが、このキック足の接地の仕方によって加速できるかできないかが変わってきます。

キック足をどのように着くと、加速ができるのでしょうか？

それは重心の下に着くことです。もしくは足が着いたときに、重心が真上にある状態にします。

そうすることによって、重心移動をスムーズにすることができます。

その状態を作るためのコツは、キックした後に膝下を「クイッ」と引くことです（図3－60）。

この引く動作をせずに、キックで足が伸びたま

図3－60

まの状態で地面に接地すると、重心よりも前に足が着くので、ブレーキがかかる状態になります。

さらにそこから重心を足の上、前と移動させるため、ムダな時間がかかります。

結果、グースした後の加速が遅くなるのです（図3－61）。

ただし、この「クイッ」と膝下を引くことを意識しすぎると、キック足を蹴り出してすぐに引く動作になり、ただ走っているのと大差ない状態になることがあります。そのため、キック足を蹴り出したら、余韻としてワンテンポ待ちましょう。その後、膝下を引いて走りはじめるとしっかり加速もでき、かつＤＦに対して視覚的なフェイントをかけることができます。

■グースにキレを出すには骨盤を後傾させることが重要

ここまで加速できない原因を説明してきましたが、次はよりキレを上げる方法を説明します。

図３－６１

グースのキレを上げるにはリードフットを下ろすスピードが重要と説明しましたが、その下ろすスピードを上げるひとつの方法として、「骨盤の動き」がポイントになります。

では、骨盤のどのような動きがキレにつながるのかというと、「前傾・後傾」です。

このことに気づいたのは、海外の選手のグースをスローモーションやコマ送りで見ていたときです。リードフットを上げる際に、多くの選手の背中が丸まっており、「なぜ背中が丸まるのだろうか?」という疑問が生まれました。しかもただ丸まるのではなく、顔の向きは進行方向を向いたまま、一瞬で丸まるのです。

それを真似して、背中だけを意識して丸めようとしても、どうしても顔と目線が下になってしまい、難しいのです。それも当然で、走る際に膝を高く上げる姿勢を「焼き鳥の串が刺さったように体幹を固めて、反発を受けられるようにする」と教わったことはありますが、膝を上げると同時に背中を丸めるとは教わっていないからです。しかも、その動きから加速を生むということはもちろん教わったことがありません。しかし、グースをする選手たちは背中を丸めています。そこには必ず意味があると思い、目線を保ったまま背中を丸めたところ、骨盤も連動して動いていることに気づきました。

骨盤を後傾させると背中を丸めやすく、前傾させると胸を前に突き出しやすいのです。よく猫背の人は骨盤が後傾していて、反り腰の人は前傾しているといいますが、その動きがまさにグースで生きるのです(図3-62)。

そしてさらなる発見は、骨盤を後傾させると足を上げやすく、かつ可動域が広がることです。骨盤を前傾、後傾、まっすぐの状態で足を上げてみると、違いがはっきりわかります（図３－63）。前傾状態の場合、足の付け根にひっかかり、足が上げづらいです。まっすぐの状態は前傾よりも足は上がるものの、後傾の状態の方がより足が上がります。

骨盤を後傾させるだけで足を上げやすく、可動域も広がることによって、足を下ろすスピードをより上げることができます。なぜなら前提として、速く動くためには足の上げ下げのスピードを上げる必要があります。このとき速く足を上げることに力を使ってしまい、力の配分が半々になってしまうところを、力を使わずに足を上げられれば、そのぶん降ろす方に力を使うことができ、イメージではありますが力の配分が９：１になるのです。

さらに可動域が広がっているぶん、より大きなパワーを生み出すことができるので、その結果スピードも上がります。

意識としては、筋肉を使って足を動かすより、骨盤を動かして足を動かすイメージがよいです。

動きの流れは、骨盤を後傾させて足を上げ、次に一気に骨盤を前傾にして足を下ろします。

このとき背中を丸めることによって、一瞬ですが脱力と力を貯めることが同時にでき、骨盤を戻すと同時に胸を前に突き出せば、身体をより前方へ運ぶ動きになります。フィジーの選手などはこ

図３－６２

の上半身の動きが大きく、骨盤を前傾させて、加速する際に上半身が反って後ろに残っています。そのため、DFからすると、まだ自分の前にいる感覚でタックルに行くものの、実は前に進んでいるので、まるで『ドラゴンボール』の残像拳のようにタックルポイントがズレています（図3‐64）。

■骨盤の前後傾動作のやり方

ここから骨盤の前後傾動作の方法を紹介します。そもそも骨盤の前後傾動作がスムーズにいかない方も多いので、静止した状態で動かす方法を紹介していきます。

■ステップ1

①肩幅くらいに足を広げる。

②膝を軽く曲げて、手で自分の腰骨をはさむ。このとき人差し指と薬指で前面、親指で後ろを持つ。

③骨盤を前傾・後傾させるときに手で誘導する。

図3‐63

前傾の際は前面の指2本を押し込むと同時に、親指も上に弧を描くように前に押す。後傾の際は親指を下に弧を描くように押す（図3-65）。

骨盤を後傾するときは背中を丸め、前傾のときは胸を前に反ります。

■ステップ2

①ステップ1の動作で骨盤を手で誘導し、後傾させるときに片足を上げる。

②骨盤を一気に前傾させると同時に、上げている足を下ろす。

③①②を左右交互に行う。

骨盤の前後傾動作ができてきたら、ステップ3として、手を使わずに同じように動かします。

骨盤の前傾、後傾の動きをコントロールできると、グースの早打ちも可能です。

グースの早打ちとは、止まった状態でリードフットをほぼ上げない体勢から、一気に加速する動きです。その方法は、一瞬で骨盤を後傾させ、すぐに前傾します（図3-66）。

この骨盤の動きを知っているだけで、視覚的にも身体的にもキレが変わるので、ぜひ取り入れてみてください。

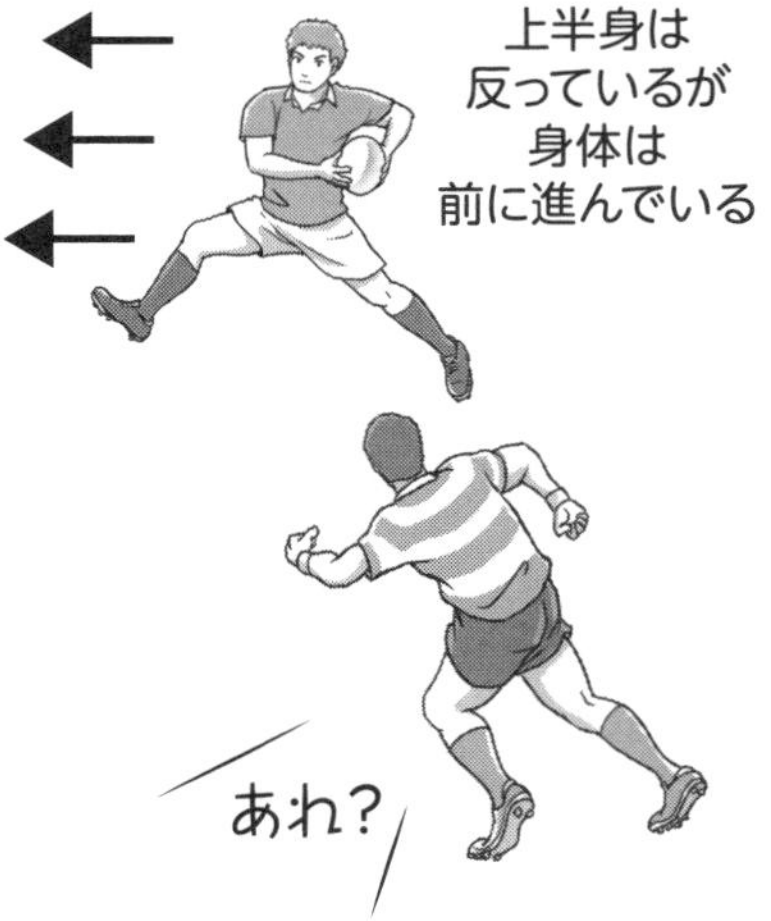
上半身は
反っているが
身体は
前に進んでいる
あれ?

図3-64

■グースの着地はつま先？
それとも足裏全体？

以上、グースのポイントを説明しましたが、ここでレッスン中に選手からよく受ける質問を紹介します。その質問とは、「グースをする際、リードフットの接地はつま先ですか？　それとも足裏全体ですか？」です。

とてもよい質問ですが、みなさんはつま先、足裏全体のどちらだと思いますか？

実はつま先、足裏全体ともに使うシチュエーションが違うだけで、どちらも使います。

どのようなシチュエーションで使い分けるかを説明していきましょう。

■つま先：動き出し、もしくはまだスピードに乗っていない状態でグースをする場合。

■足裏全体：スピードに乗っている状態でグースをする場合。

このようになります。なぜ前述のようなシチュ

図3－65

動画で確認

エーションで変わるのかを自転車の例えで説明していきます。つま先での接地は自転車のギア1（一番軽い）で、足裏全体はギア3（一番重い）だと思ってください。

みなさん、自転車で動き出す際にいきなりギア3にしますか？

ほとんどの人がギア1を選ぶと思います。それは、ギア1の方が小さな力で速く動けることを知っているからです。つまり、接地面積の少ないつま先がギア1となります（※トレーニングのラダーなどは速く動きたいからつま先で動きますね）。

ゆえに、スピードに乗っていない状態から速く動き出ししたいときは、ギア1のつま先でグースをします。

それでは、坂道を下りる際はどうしますか？

ギア3を選びますよね。ギア1で坂道を下ったら、足が空回りして、すごいことになりそうですね。

図3-66

動画で確認

つまり、接地面積が小さいつま先でスピードが乗っているときにグースをすると、そのスピードに耐えられず、失速もしくは捻挫などの怪我につながる可能性もあります。ゆえに、接地面積の大きい足裏全体のギア3を選びます（※100メートル走を最後までつま先だけで走る人はいないですよね）。

スピードに乗っている状態ではスピードを失速させず、さらに加速させるためにギア3の足裏全体でグースをします。

このように、状況に応じて使い分けていく必要があります。

■グースの際のボールの持ち方と動かし方

前述と同様によく受ける質問は「グースをする際のボールの持ち方と動かし方はどうしていますか？」というものです。

グースでは、ボールも利用します。ボールは両手と片手のどちらで持つかというと、両手をお勧めします。それは加速した後に、すぐにパスの選択肢を持つことができるからです。ステッパーの武器はパスです。特にグースはDFの半ズレを生み出すので、とっさのパスが求められます。またボールを両手で持つことで、ボールを前に押し出す動きができ、ボールの重さも利用して加速につなげていくことができるのです。グースでのボールの持ち方も大きく分けて2つありますので、紹介していきましょう。

①パスモーションパターン

リードフットを上げる際、パスモーションの位置にボールを持ってくることで、身体の捻れが生まれ、足の入れ替えのキレが増します。またリードフットを下ろすと同時に、パスを投げるようにボールを前に押し出すことで、力を前方に伝えることもできます。このパターンのときは捻れを生むため、目線と上半身はDFを向く形になります（図3‐67）。

②フロントパターン

リードフットを上げる際に、お腹の前で持ちます。この場合は身体の捻れを生み出しづらいので、骨盤の後傾から前傾の動きでキレを生み出します。

骨盤を前傾させると同時にボールを前に押し出すことで、前に力を伝えます。このパターンのときは目線と上半身は進行方向に向く形になります（図3‐68）。

■リードフットはDFに近い方の足を上げる？

続いての質問は「リードフットはDFに近い方の足を上げないといけないのですか？」というものですが、これまたよい質問です。

僕は、シングルスイッチグースの場合はDFに近い方の足をお勧めしています。その理由はグースステップとグースの動き出しが同じになる点と、リードフットを上げると同時に上半身を捻り、キレにつなげているからです。

反対に逆足をリードフットにすると、上半身の捻れを生みづらく、かつグースステップの選択肢がなくなります。しかしダブルスイッチグースや、その入り方からのグースステップもでき、かつジャンプグースの場合は逆足を上げることもあるので、シングルスイッチグースの場合に限ります。

動画で確認

図３－６７

動画で確認

図３－６８

■間合いが近すぎるとDFは対処しやすい

次の質問です。

「グースでチェンジオブペースをしても、DFが足を止めず、加速して捕まることがあるのですが、なぜですか?」

その原因は「間合い」です。加速しても簡単に捕まってしまう選手の多くが、この間合いが近すぎる状態にあります。

間合いが極端に近い位置でグースをすると、なぜDFが足を止めずに来るのでしょうか?

それは間合いが近すぎると、DFにとっては内側のコースを塞いで守りやすいため、選択肢をひとつに絞ることができるからです（図3-69）。

DFからすれば、内側のコースを消した位置にアタックを置くことができると、迷いなく間合いを詰めることができます。グースのメリットは、内外どちらに行くかわからない状態を作れることです。そうであるにもかかわらず、コースがひとつしかなくなってしまうと、そのメリットが少なくなります。

どの間合いで仕掛けるべきかというと、間合い

間合いが近すぎると……

図3-69

の項目で伝えた「身長＋腕の長さ」で加速できるとよいです。よくこの間合いで、リードフットを上げる選手が多いのですが、それではステップ、もしくは加速する際には間合いが近い状態になってしまいます（※もちろん間合いが近くても早打ちグースなどで相手をズラすことはできますが、そのときのスピードなどによって変わってきます）。

■同じ動き出しでグースとグースステップのキレを生み出す

最後はとてもコアな質問です。

「グースとグースステップは同じフォームで動き出したいのですが、骨盤を後傾させるとグースステップがしづらくなります。どうしたらいいでしょうか？」

これまでの説明を読んで実践していただくと、グースステップの際は骨盤を後傾させず、膝が腰よりも高くならないようにした方がよいと説明しているのに対して、グースの場合は骨盤を後傾させて足の可動域を広げるため、膝が腰の位置よりも上がります。ゆえに、グースとグースステップでは動き出しが若干変わるため、ＤＦによっては読まれてしまう可能性が出てきます（※試合では数多くの選択肢がある中、一瞬でこの動作をするため、そこまでＤＦが反応することはなかなかないと思いますが……）。

しかし、より高みを目指すには、同じ動き出しでキレのあるグースとグースステップをしていきたいですよね。

そこでポイントとなるのが、リードフットの捻れです。どのような動きか説明します。

通常のグースやグースステップは、リードフットは上から下に動く縦の引き下ろしによってキレを生み出します。

それに対して捻れの動きは、リードフットを上げる際に上方向ではなく、身体の内側に向けて上げて捻れを生み出します。

捻れを生み出すことで上下の動きだけでなく、回旋の動きからさらにパワーを生み出すのです。

そのため、リードフットを上げた際に逆足を交差するとともに、上半身はＤＦに向けて、さらに捻れを生み出します（図３-70）。

そうすることで、骨盤を後傾させなくても引くスピードを生み出せるため、グースステップとグースをともに同じフォームから発動できます。ぜひお試しください。

■ジャンプグース

それでは最後に、「ジャンプグース」「ダブルスイッチグース」の方法を説明していきましょう。

通常のシングルスイッチグースはリードフットとキック足の入れ替えをしますが、ジャンプグースは入れ替えをせずに加速します。その際ポイントとなるのは、キック足の折りたたみです。入れ替えで加速を生み出せないぶん、膝を折りたたみ、リードフットが着く際に一気に膝下を蹴り出す動きで加速を生み出します。

■方法

①ＤＦに近い方の足で踏み切り、キック足を上げる。

②キック足を折りたたむとともに、リードフットも折りたたむ。

図3-70

③リードフットを下ろすとともに、キック足の膝下を一気に蹴り出す（図3-71）。

ジャンプグースはアイランダーステップとのペアです。なぜかというと、踏み切りの入りが同じ動きとなり、かつ膝を折りたたむことでキレを生み出すので、ギリギリまで同じフォームで動くことができます。相手の体勢を見て判断するのが得意な選手にお勧めなペアとなります。

■ダブルスイッチグース

ダブルスイッチグースは、通常のシングルスイッチグースの足の入れ替えを2回行います。

■方法

①ＤＦに近い方の足で踏み切り、逆足を上げる。

②空中で足を入れ替え、ＤＦに近い方の足がリードフットとなる。

③リードフットを下ろすと同時に、キック足を蹴り出して加速する（図3-72）。

図3-71

動画で確認

かなり忙しい動きとなるため、素早い足の入れ替えが求められます。視覚的には空中で止まっているように映り、DFの足を止めやすい動きです。

図3－72

動画で確認

グースとステップのコンボ技

ニュージーランド式ステップではグースステップ、アイランダーステップが代名詞となりますが、ほかにもいろいろなステップがあります。ビリーステップ、スポンジボブステップや、グースとステップのコンボ技をここでは紹介します。

■ビリーステップ

第1章でも名前を出したステッパーBilly Ngawini（ビリー・ンガウィニィ）選手のステップです。彼のステップから得たことは多く、ニュージーランド式ステップにおいて重要人物のひとりです。ビリーのステップは上半身の揺れが大きく、DFは一瞬でコミットされます。真似しようと上半身をいくら動かしても彼のような揺れにはならず、動画をスロー再生させながら、何度も何度も見返しました。そして、やっとこの上半身の揺れの作り方を発見したので、みなさんに共有します。

ポイントは、実は「足」です。ずっと上半身ばかり注視していたのですが、まさかの下半身＝「足」で上半身の揺れを生み出していたのです。

では、どのように足で上半身の揺れを生み出しているのでしょうか？

それは足を身体の内側に着くことにあります。

通常であれば、そのまま身体の前に着いて踏み切るのですが、ビリーは逆足の前、もしくはさらに内側に着いているのです。しかも踏み切りの一歩前の足からなので、最後の2歩を身体の内側に着きます。

そしてさらにポイントとなるのが、上半身の向きです。

縦系ステップの場合、足を内側に着いても上半身の向きは正面を保ちます。通常であれば上半身も出した足と同じく内側を向きやすいのですが、あえて正面に向けます。そうすることによって、このときに上半身の捻れを生み出します（図3-73）。

この捻れを作った状態で最後に踏み切り、その踏み切った足がリードフットとなるのですが、踏み切って身体を浮かせたらすぐにリードフットを引きます。リードフットを引くと骨盤は一気に正面を向きます。捻っていた上半身は骨盤と同じ正

図3-73

面を向くために戻すのですが、この戻る動きが「上半身の揺れ」となります。

■縦系ビリーステップ

・方法（右足でステップする場合）

①右足を少し内側に着き、上半身を正面に向けたままで小さな捻れを作る。

②左足をより内側に着き、踏み切る。その際に上半身を正面に向け、より大きな捻れを作る。

③左足（リードフット）で踏み切って身体を浮かせたら、すぐに左足を引く。

④右足（ステップフット）でブレーキをかける。

⑤左足を重心の下にスライドさせ、走る（図3-74）。

■横系ビリーステップ

・方法（右足でステップする場合）

①右足を少し縦に着き、上半身をＤＦに向ける。

図3-74

動画で確認

②左足をより内側に大きく着き、踏み切る。その際に上半身を正面に向け、大きな捻れを作る。
③左足（リードフット）で踏み切って身体を浮かせたら、すぐに左足を引く。
④右足（ステップフット）でブレーキをかける。
⑤左足を重心の下にスライドさせ、走る（図3-75）。

横系ビリーステップでは、ステップのタイミングをズラす方法もあります。

その方法は、最後に踏み切るのと同時にリードフットを引くことです。

通常だと踏み切り足で身体を浮かせるため、DFは着地する瞬間に備え、準備をします。そのため多くの場合は、アタックが浮いたときに少しでも距離を詰めたいので、踏み切りの瞬間は足を動かしています。DFは浮くと思って足を動かすのに対して、アタックは踏み切りと同時にリードフットを引いてステップをするため、

図3-75

動画で確認

タイミングがズレます。DFは予期しないタイミングでステップをされるため、アンクルブレークはされないものの、気づいたらアタックが逆方向にすでに動き出している状況になりやすいです。ぜひお試しください（図3 - 76）。

■ **スポンジボブステップ**

スポンジボブというアニメキャラクターがいますが、このスポンジボブはダンスのムーブのひとつです。そのスポンジボブの動きを取り入れたステップのため、スポンジボブステップと命名しました。

では、どんな動きかを説明します。

・方法（右足でステップする場合）

①右足で踏み切る。このとき身体を斜め後ろに浮かせる。

②身体を浮かせると同時に右足を前に蹴り出しながら、左足で接地する。

図3 - 76

動画で確認

③左足で身体を前に運ぶと同時に右足を折りたたみ、左足を引き寄せ、左足で再度接地する。
④接地した左足でさらに身体を前に運ぶと同時に、折りたたんでいた右足を一気に伸ばし、ブレーキをかける。右足を伸ばすギリギリまで顔はＤＦを見ている状態にする。
⑤右足の接地後は、ほかのステップ同様の動き出しを行う（図３‐77）。

・ポイント
①身体を斜め後ろに浮かせることで、後ろに戻ることになります。このときほとんどのＤＦがボールキャリアの内側にポジショニングしながら動いていますが、後ろに戻ることで身体の位置をＤＦの正面にします。
②右足を蹴り出すことで、③の折りたたむ準備をします。このとき上半身を後傾させることで、左足で身体を前に軽く運んでいますが、視覚

図３－77

動画で確認

的にDFに距離を近く感じさせます。

③一気に右足を折りたたむことで、左足を引き寄せることができます。さらに右足を折りたたんでいるので、地面に接地する際のスピードを生み出す準備ができます。このとき身体はさらに前へ移動させていますが、上半身は左足の上にあり、若干後傾の状態にしています。理由は②と同じです。

④の動きで一気に身体を前傾させ、進行方向を向くことで、瞬殺コミットを生み出します。さらに、ステップフットとなる右足を折りたたんでいる状態から一気に伸ばすので、地面に接地するスピードを上げ、キレのあるステップとなります。このときDFは近い距離に感じていたボールキャリアが一気に進行方向へ進む感覚となるため、急に加速して追いかけることとなり、コミットされます。

このスポンジボブステップは、グースとステップのコンボが一緒になっている動きです。では、そのほかにどのようなコンボができるのか紹介します。

■ 2ステップ

2ステップとは、ステップをした後に再び内側に向かってステップをする動きで、DFを2人かわします。では、2ステップの一例を紹介します。

・方法（右足でステップする場合）

①最初のステップをした後、一歩目となる左足で踏み切り、再度身体を縦へ浮かせる。
②右足を前方へ向かって接地し、ステップする（図3－78）。

・ポイント
①身体を縦方向へ浮かせることで、DFに対して縦のスペースに向かうと思わせます。このとき右足を折りたたむことでステップのキレを上げるのと同時に、ステップかグースかDFにわからないようにします。
②ステップフットを前方のスペースに接地することで、DFをコミットします。DFは真横、もしくはかぶってくるので、ステップ後は真横、もしくは斜め後方へ向かいます。

DFとの距離に応じて、最初のステップ後に縦に2～3歩走ってからステップする場合もあります。なぜ2人もかわすことができるのかを説明します。

最初のステップでDFをズラすと、次に内側のDFがスペースを埋めるために詰めてきます。走りながら詰めてきているのであれば、これはコミットしているのと同じ状態です。そのため、再度ステップをすると、内側のDFもズラすことができます（図3－79）。

■ 2ステップで求められるのは「床反力」

ステップの際には床反力を活用すると第2章で伝えましたが、筋力ではなく、この床反力を活用す

動画で確認

図3-78

動画で確認

図3-79

ることで跳ねる動きが可能となります。跳ねることで、ステップ後にすぐ次のステップの準備ができます。筋力でステップをしていると、踏ん張って動くため、筋肉を弛緩させることが難しく、動きが遅くなりキレがなくなります。

■ステップ&グース

ステップの後にグースをするコンボです。ステップ後、内側のDFの足を止め、そのまま縦のスペースへ加速してDF2人をかわします。2ステップと裏表の動きとなります。一例を紹介します。

・方法（**右足でステップする場合**）
①最初のステップをした後、一歩目となる左足で踏み切り、再度身体を縦へ浮かせます。
②踏み切った左足をリードフット、右足をキック足として、グースをする（図3‐80）。
・ポイント
①身体を縦方向へ浮かせることで、DFに対して縦のスペースに向かうと思わせます。このとき右足を折りたたむことで、グースのキレを上げるのと同時に、ステップかグースかをDFにわからせないようにします。
②リードフットの負担が大きいので、キック足の蹴り出しをより速くすることで、緩急をつけます。
DFとの距離に応じて、最初のステップ後に縦に2～3歩走ってからグースする場合もあります。なぜ2人もかわすことができるのかを説明します。

最初のステップでDFをズラした後、内側のDFとの距離があっても十分ではない場合などにグースで緩急をつけることで、DFが足を止めやすくなります。さらに、先に2ステップを見せておくと、DFは再度2ステップを警戒し、詰めが弱くなりやすく、そのためグースの加速についてこられない状態になります。もちろん先にステップ&グースを見せて、その後2ステップのパターンも効果的です。

動画で確認

■グース&ステップ

グースをした後にステップするコンボです。グースを使って一瞬でDFをコミットし、ステップでかわす動きです。一例を紹介します。

図3-80

動画で確認

・方法（右足でステップする場合）
①リードフットを左足にして、グースをする。
②キック足となる右足が接地したら、右足で踏み切り、身体を進行方向へ運ぶ。
③身体を運ぶと同時に左足を上げ、リードフットとし、グースステップをする（図3 - 81）。
・ポイント
①最初のグースは相手をコミットする第一段階の準備動作なので、6～7割のスピードで行います。DFが反応するには十分なスピードで、8～10割で加速すると、その後のステップがオーバースピードになって止まり切れず、間合いを自ら詰める状態になってしまいます。
②身体を一気に運ぶことで、よりDFをコミットします。
③リードフットの引きを速くすることで、ステップのキレを上げます。

■ショートバージョン

・方法
①左足で身体を浮かせ、リードフットを右足にして、グースをする。
②キック足の左足を蹴り出したらすぐに引き、グースステップの形にする。
③右足をステップフットとして接地する（図3 - 82）。
・ポイント
①身体を浮かせることで、DFにグースによる加速の準備をさせます。その後のグースは②のグース

ステップができるスピードで行います。グースでＤＦをコミットします。

②引きが弱いとステップフットが前に出ないので、この左足の引きをもっとも意識しましょう。

そのほかダブルスイッチグースからのステップなど、いろいろなバリエーションを作ることができます。それぞれ最初のグースでＤＦを横に走らせコミットします。通常のランからのステップよりも、グースによってＤＦがよりダッシュしやすくなるので、より効果的です。お試しください。

動画で確認

図3-81

動画で確認

図3-82

ボールのもらい方

■ボールのもらい方ひとつで間合いを作り出す

レッスンを通じて、多くの質問を受けたり、悩みを聞いたりします。その中でも多いのが、「試合中ボールをもらってからグースやグースステップをしようとしても、間合いがなくて捕まってしまうのですが、どうしたらよいですか?」という質問です。

レッスンの中での1on1で、最初からボールを持った状態でプレーするとよい間合いで抜けますが、より実戦的なパスをキャッチしてからの状況になると抜けなくなる選手がいます。

なぜ、そのようなことが起きるのでしょうか?

それは、ボールをキャッチしてからステップをするまでに時間がかかり、その間にDFが詰めてくるため間合いがなくなってしまい、捕まってしまうからです。

しかし、海外の選手は同じシチュエーションでも抜けています。一体、何が違うのでしょうか?

それはあるテクニックを使っていることが理由です。

そのテクニックとは、「身体を浮かせた状態でのボールキャッチ」です。

身体を浮かせた状態でボールをキャッチすることで、着地と同時にステップしたり、進行方向に加速したりすることができます。つまり、ボールをキャッチしてからステップの動き出しをするのではなく、ボールをもらう前にステップの動き出しを行うのです。

すると、キャッチしてからステップの動作にかかる時間がなくなり、そのぶん相手との距離を確保できるので、結果として「間合い」を作り出すことができます。

日本人選手でも身体を浮かせてボールをキャッチし、着地と同時にステップをして抜けることがあります。しかし、その多くは意図的にプレーしているのではなく、偶発的に起きていて、プレーしている選手に自覚がないケースが多いです。では、どのようなときにこのプレーが起きるかというと、パスが浮いてしまったときです。この場合、レシーバーはボールをキャッチするために身体を浮かさざるを得ません。そして浮いている間にＤＦが迫ってくるので、自然と着地と同時に切り返しをします。するとＤＦはコミットされ、偶然、ズレが生まれるという形です。この〝たまたま〟を意図的にする方法を紹介していきましょう。

・方法
グースステップ、シングルスイッチグースのケース
（左からパスをキャッチする場合）
①ボールをキャッチする直前、または同時に右足で踏み切り、左足を上げる。
②ステップなのか、加速なのかを判断する。ステップの場合はリードフットとなる左足を後ろに引き、右足を前に出してステップする。加速の場合はリードフットを真下に下ろし、右足を前に蹴り出して加速する（図３‐83）。

アイランダーステップ、ジャンプグース、ダブルスイッチグースのケース

（左からパスをキャッチする場合）

①ボールをキャッチする直前、または同時に左足で踏み切り、右足を折りたたみながら上げる。

②ステップなのか、加速なのかを判断する。ステップの場合は、折りたたんだ右足を伸展させステップする。加速の場合は、左足を真下に下ろすと同時に右足を前に蹴り出し、加速する（図3‐84）。

・ポイント①

ボールに合わせて身体を運ぶ

身体を浮かせてボールをキャッチするためには、ボールに合わせて身体を運ぶことが必要です。精度のよいパスであればボールに合わせるのではなく、レシーバーに合わせてパスを投げるため、身体を運ぶ意識はそこまで必要ないか

図3‐83

動画で確認

もしれません。しかし、毎回精度のよいパスが来るとは限りません。まずはボールをよく見て、軌道を瞬時で察知します。察知したら、その軌道に合わせて身体を運びます。ボールは一度手から離れたら、浮いている間は急激な軌道の変化は起きません。つまり、待っていても自分が捕りたい位置に軌道が変わることはないので、ボールに合わせて、自分で身体を運びます。

・ポイント②
キャッチする場所も重要

　身体のどこでキャッチするとよいでしょうか？　身体の内側胸下が理想です。

　なぜ内側胸下が理想かというと、ボールの勢いをしっかり受け止めることができるためです。かつ下半身と上半身の捻れができるので、グース、ステップともにキレを生み出すことができます。さらにパスをすぐ投げることができる位

動画で確認

図3-84

置でもあります。

　しかし身体の前でキャッチをすると、ボールの勢いで身体が横に流されやすく、かつ前のめりの状態になります。この状態だと下半身と上半身の捻れはなく、かつパスを投げるためにはボールを引く動作が入ってしまいます。

　また身体の後ろでキャッチすると、身体の前でキャッチするのと同様にボールの勢いをしっかり受け止められず、身体が後方に持っていかれます。かつ必要以上に上半身が捻れてしまうため、ステップ、加速ともに難しい状態となります（図3‐85）。

・ポイント③
目線はどうすべきか
　身体を浮かせながらのキャッチ。つまりジャンプしながらキャッチするのですが、多くの選手、指導者がキャッチをする際に「跳ぶな」と教わっ

図３－85

たり、伝えていると思います。実はこれも間違いではありません。ジャンプして身体を浮かせることで、目線が上下に大きくブレると、ボールをキャッチする精度が落ちてしまうからです。またジャンプしながらキャッチする選手の多くが、ボールをもらうタイミングを合わせるためにしていたり、走りながらキャッチするのに不安や怖さがあったりするためにジャンプしています。このパターンは僕自身もお勧めしません。

この身体を浮かせてキャッチするテクニックをする際は、目線が極力ブレないようにして身体を浮かせます。そのためには身体を浮かせる方向を上ではなく、前方に向かって浮かせます（図3-86）。

上に向かって浮かせてしまうと、目線が大きくブレますが、前方であればブレが小さいのが写真を見るとよくわかります。では、身体を浮かせながらパスをキャッチするためのドリルを

図3-86

紹介していきましょう。

・ドリル①

身体を運ぶ

パスに対して、内側胸下でボールをキャッチできるよう身体を運ぶ練習。

①ボールキャリアは、5メートルくらいの距離からパスをスペースへ投げる。このとき足踏みしながら待つ。

②ボールの軌道を確認しながら、身体をスペースに運び、内側胸下でキャッチする（図3-87）。

・ドリル②

身体を浮かせながらキャッチする

パスに対して、身体を浮かせるタイミングをつかむ練習。

①ボールキャリアは、2メートルくらいの距離からパスを内側胸下に投げる。このとき足踏

図3-87

動画で確認

みしながら待つ。
②ボールの軌道を確認。キャッチする直前または同時に踏み切り、身体を浮かせてキャッチ。
③着地と同時に加速、またはステップする（図3-88）。

・ドリル③
身体を運び、浮かせながらキャッチする
身体を運ぶことと、浮かせることの2つの動きを実践する練習。
①ボールキャリアは、5メートルくらいの距離からスペースにパスする。このとき足踏みしながら待つ。
②ボールの軌道を確認しながら、身体を運ぶ。
③ボールをキャッチする直前、または同時に踏みきり、身体を浮かせる。
④着地と同時に加速、またはステップする（図3-89）。

図3-88

動画で確認

■ボールをもらう前にDFをズラす

ニュージーランド式ステップではボールを持っている状態で相手をズラすことはもちろん、ボールをもらう前に相手をズラすことにも活用できます。

ボールをもらう前に相手をズラすとはどういうことでしょうか？

ラグビーやタッチラグビーでは、数的有利をアタックで作り出せるとよりチャンスが生まれます。数的有利を作り出すためにステップをして相手をズラすのですが、通常はボールをもらってからステップをして相手をズラすため、パス↓キャッチしてからステップ↓数的有利の工程となります。これがボールをもらう前に相手をズラすことで、パス＆ステップ↓数的有利と工程がひとつ少なくなり、よりスピーディーなラインアタックをすることができます。

動画で確認

図3-89

では、どのようにしてボールをもらう前にニュージーランド式ステップを活用しているのかを紹介します。

■ステップアウトとステップイン

この2つの動きが、ボールをもらう前に相手をズラす方法です。それぞれやり方を説明します。

■ステップアウト

DFを内側に誘導してからステップで外側に開き、ズレを生む動きです。

①DFの正面、または身体ひとつぶん外側にポジショニングする。

②ボールキャリアがパスする前に、DFの内側に1～2歩入る。

③パスと同時にDF外側に向かってステップし、加速しながらキャッチする（図3-90）。

動画で確認

図3-90

・ポイント

①このときDFの視界ギリギリに入る、または少し外れる位置にいることで、自分の存在感をDFに示します。そしてDFが自分の対面アタックを視界に入れ、見れていると思わせます。外側に立ちすぎると②の内側へ向かう動きが厳しくなり、隣のDFとの距離が近くなるのでサポートしやすくなります。特に横のスペースが狭ければなおさらです（図3‐91）。

②①でDFはアタックを見れていると思っているので、ボールキャリアが内側に1～2歩、パスする直前に入ると反応してついてきます。パスする直前に入ることで反応速度が上がり、そのぶんDFの内側に向かう一歩が大きくなります。また、身体の向きがコンタクトに備えて、内側に向きやすくなります。速い段階で内側に向かってしまうと、DFがジワジワと内側を締めるので、体勢を崩しづらくなります。

③DFの体勢を内側に向けた状態でステップをして外側に行くので、ズレが生まれるのですが、タイミングが重要です。パスが出る前にステップをしてしまうと、DFが内側についてきてもパスが出たときには外側に向かうことができます。また遅いと、自分が外に向かって加速できていない状態でのキャッチとなり、DFが体勢を立て直して追いやすくなります。そのためパスが出たとき

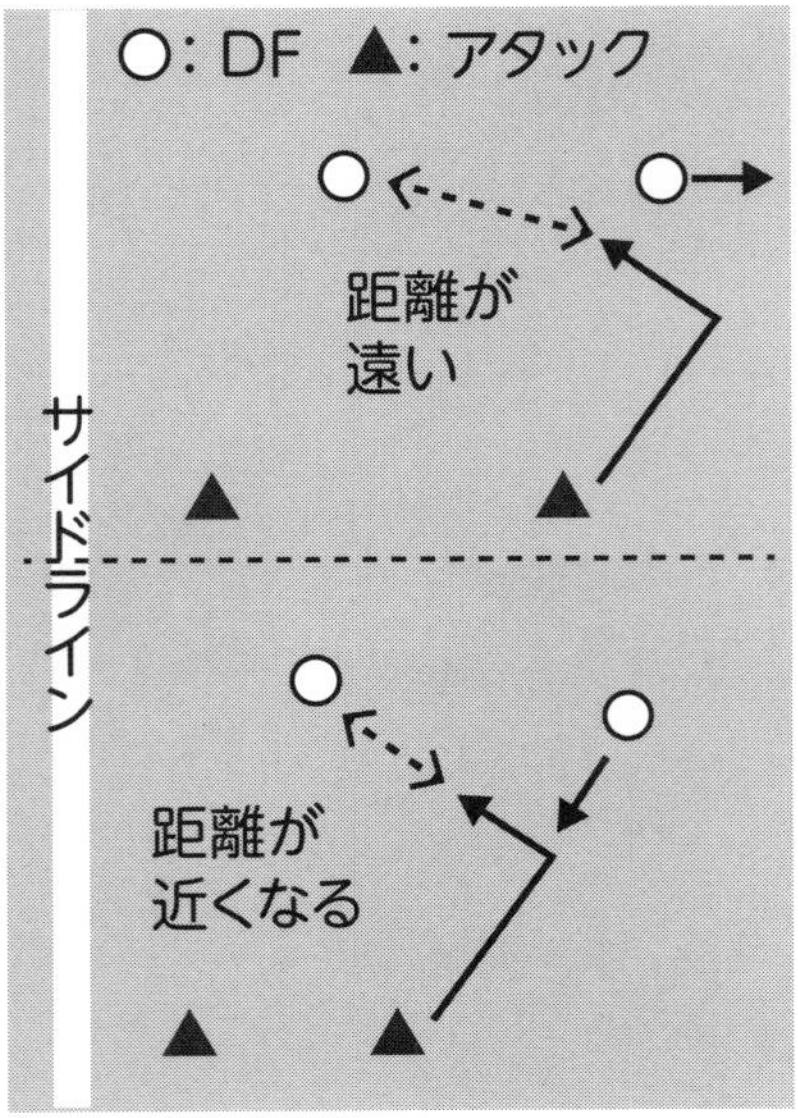

図3－91

には、外に加速できているタイミングでステップをします。

■ステップイン
ステップアウトの逆パターンで、外に誘導してから内側にステップして、ズレを生む動きです。
①DFの正面、または身体ひとつぶん内側にポジショニングする。
②ボールキャリアがパスする前に、DFの外側に1〜2歩動く。
③DFの内側に向かってステップし、加速しながらキャッチする（図3-92）。

・ポイント
①このときDFの正面、または内側に入ることで、DFの視界に常に自分がいる状態を作ります。DFが自分の対面アタックを視界に入れ、見れていると思わせます。外側に立ってしまうと②

図3-92

動画で確認

で外側に動く際にＤＦの反応が小さくなり、内側にステップして向かう角度がより鋭角になります（※完全に視界から外れた位置からカットインする動きももちろん効果的です）（図３‐93）。

②ＤＦの視界に完全に入っている状態で、パスをする直前に１〜２歩外側に行くことで、ＤＦは外側でキャッチすると判断し、反応が大きくなり、身体の向きも外側に向きやすくなります。外側に行くタイミングが速いとステップアウト同様、ＤＦがジワジワと反応し、小さく動くため、効果が弱くなります。

③ＤＦの体勢を外側に向けた状態でステップで内側に行くため、ズレが生まれます。タイミングはパスと同時にステップして内側に向かうのがベストですが、ステップインに関してはパスが出る前にステップをしても、ＤＦはウィークショルダーでのタックルとなるため、ズラしてのゲインは可能です。

このステップアウト・インは自分の動きでＤＦをコントロールすることが可能です。プレーの中ではＤＦの動きに合わせて対応する必要ももちろんありますが、合わせるだけでなく、アタック側が誘導し、コントロールすることもできればプレーの幅が広がります。

またステップアウトは、スペースを狭い状態か

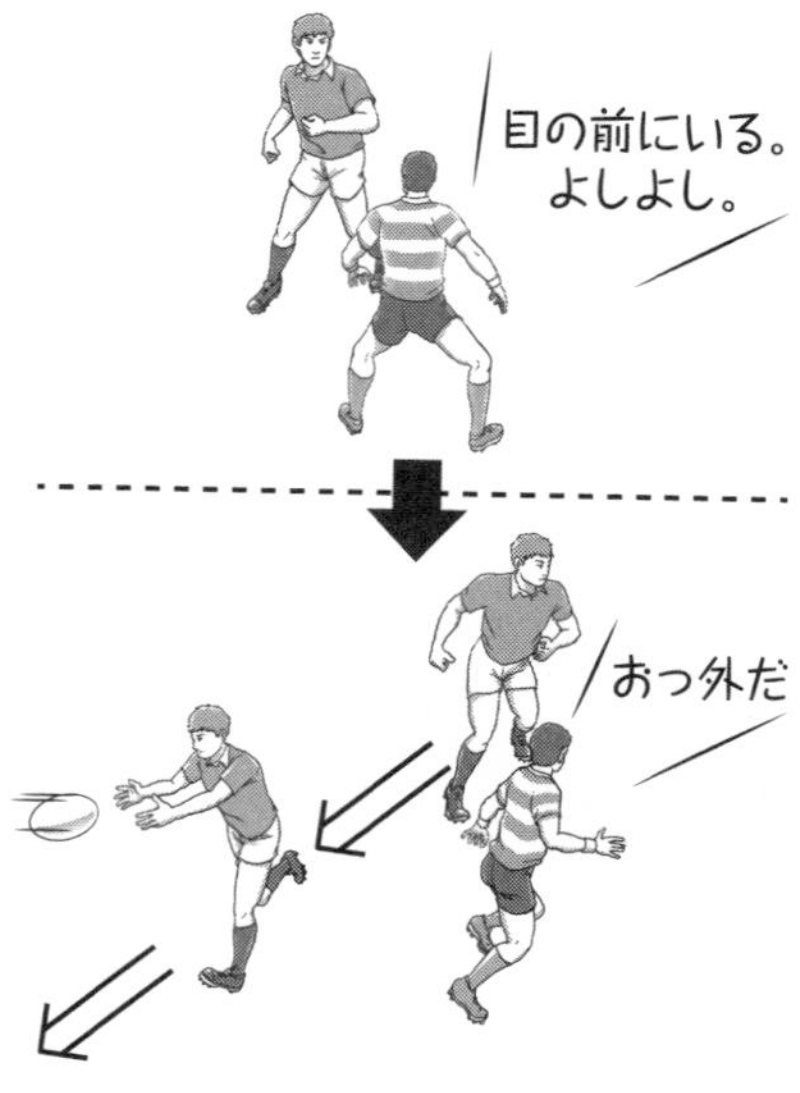

図３－93

ら広げることもできます。どういうことかを横幅10メートルの中にアタック、ＤＦともに３人いる状態で説明します。

通常アウトでもらう場合は、対面のＤＦの外側の肩の位置にポジショニングした状態からアウトするため、ＤＦも元々の位置から追いかけてきます。仮にアタックの最初の立ち位置が５メートルだとすると、そこからアウトで外側に動くのでボールをキャッチしたときには横のスペースは２～３メートルです。しかしステップアウトの場合は、最初の５メートルの立ち位置から内側に入って、ＤＦも内側にズラしてからアウトで外側に動きます。そのためボールをキャッチしたときには横のスペースが４メートルと、１～２メートルのスペースを作り出すことになるのです（図３‐94）。

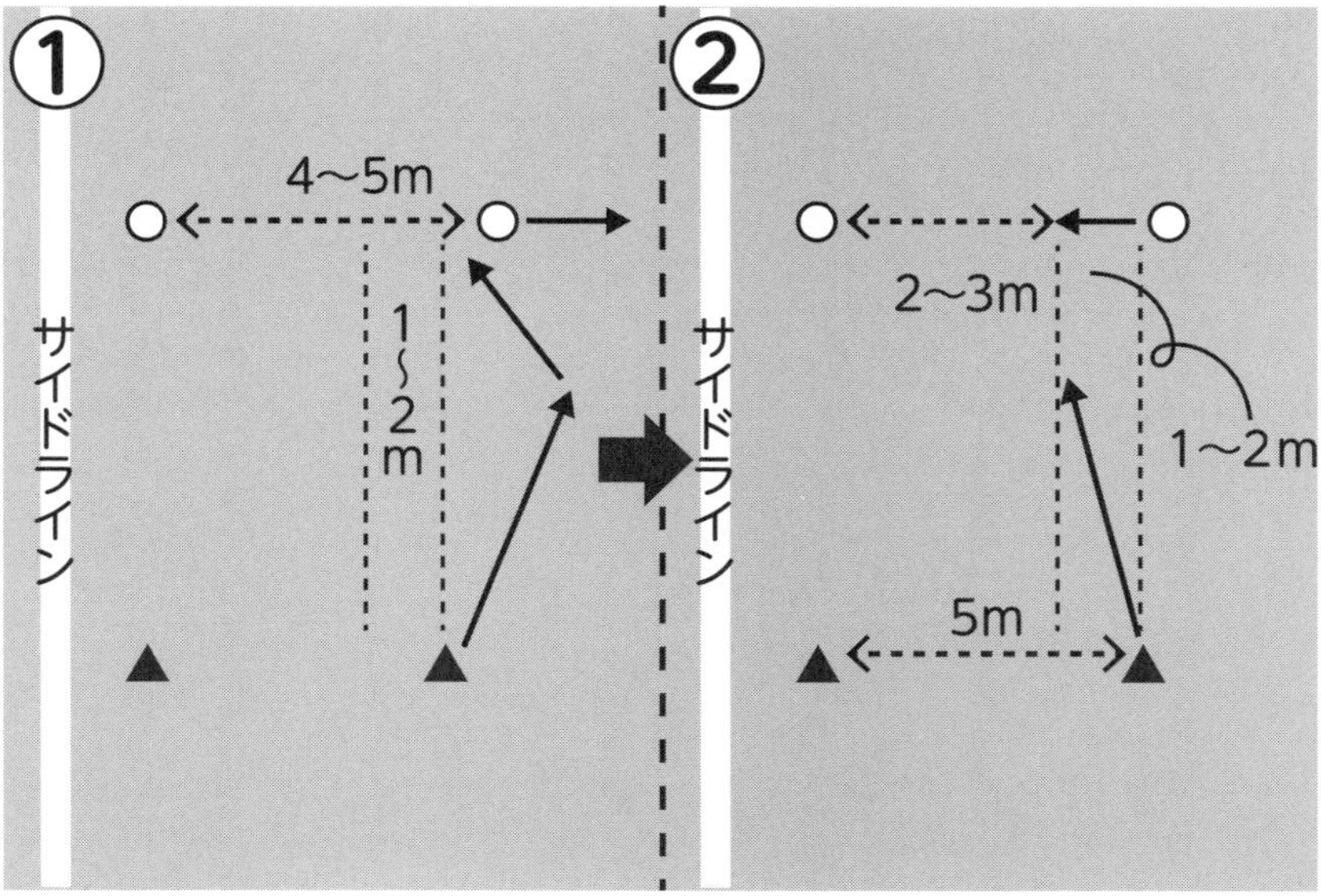

図３－９４

第 4 章

ステップ習得のためのトレーニング

練習ドリル紹介

実際にレッスンやトレーニングで実践しているドリルを紹介します。これらのドリルはステップ自体のやり方を習得するためにマーカーを置いてわかりやすくしています。またやり方を習得した後は実践が必要となるのですが、１ｏｎ１など少人数で行うことでステップにフォーカスでき、成功と失敗体験を積み上げることができます。もちろん試合や試合形式の練習ですぐ実践していくことができるのであればよいです。しかしいきなり試合や試合形式に臨むと、ステップの足の運びに加えて、戦術やシチュエーションなど情報量が多いためにわからなくなったり、また自信がなかったりと、チャレンジ自体ができないこともあるため、少人数でのドリルで習得し、自信をつけていく必要があります。ぜひ楽しみながら実践してみてください。

■足の着き方ドリル

ステップフットを着く際に床反力を得る感覚を習得するドリルです。

■ステップ１

①ステップフットを斜め前に着いた状態にする。

②ステップフットのつま先を上げ、踵のみで着く状態にする。

③一気に足裏全体を着く（図4-1）。

③にて足裏全体を着いたときに「ダンッ」という音がするかを確認してください。室内の床で裸足で行うと音の判断がしやすいので、最初はお勧めです。

■ステップ2

①ステップフットを斜め前に着いた状態にする。

②ステップフットを地面から浮かせる。

③踵から一気に足裏全体を着く（図4-2）。

ステップ1同様、③で音がするかどうか確認してください。

■ステップ3

①足を肩幅に広げ、膝を軽く曲げた状態にする。

②斜め前にステップフットを出す。

③踵から一気に足裏全体を着く（図4-3）。

動画で確認

図4-1

動画で確認

図 4 - 2

動画で確認

図 4 - 3

注意点：ステップフットを前に出す際に、上から下に足を出してしまうと、ただの着地になるので、斜め前に出す意識を持ちましょう（図4－4）。

■ジグザグドリル

動きながらステップを習得するドリルです。

マーカーをジグザグに5～7メートル間隔に置きます。角度は90度くらいを目安にします（※さまざまな角度で設置するといろいろなシチュエーションを設定できます）。

動画で確認

最初はステップフットの接地の際、つま先がマーカーに向いているかをチェックします。そして、ステップ後は次のマーカーを見ることで、〝顔始動〟で次の進行方向へ向かう癖づけをしていきます。

このとき、ステップ後の一歩目を重心の下に着くのが難しい場合は、さらにマーカーを一歩

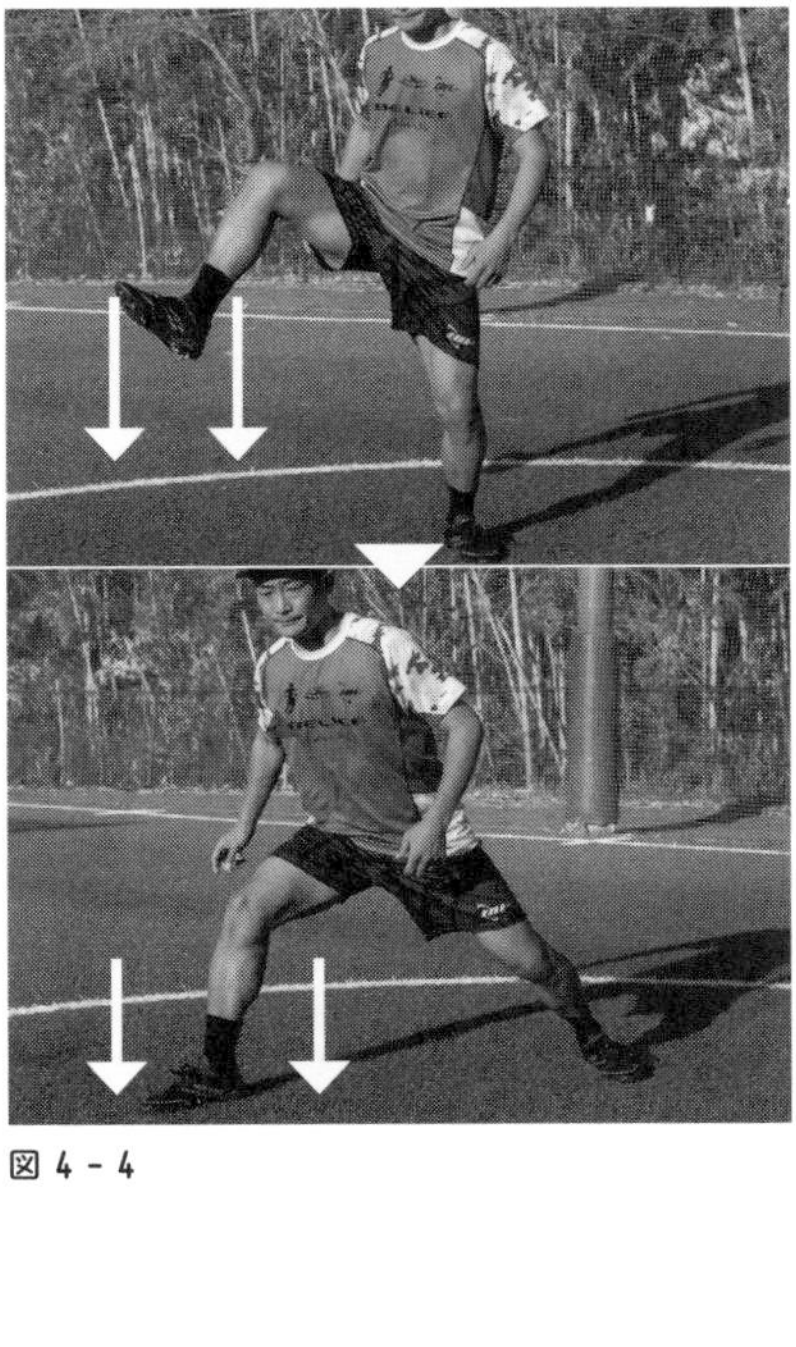

図4－4

目の位置に置き、マーカーを踏むイメージで実践すると感覚をつかみやすくなります。

動画で確認

マーカーを置く位置はマーカーからスパイク2足分の位置、かつマーカーとマーカーの線上からスパイク縦1足分内側のところを目安にします（図4‐5）。

■グースステップドリル

マーカーを配置することによって、グースステップを踏む順序をわかりやすくして習得するドリルです。マーカーを3カ所、直角三角形に置きます（図4‐6）。

■ステップ1　止まった状態でグースステップ①

①ひとつ目のマーカーにリードフットを上げた状態で立つ。
②①の状態から踏み切り、身体を2つ目のマーカーに運ぶ。
③リードフットを引いて、ステップフットを2つ目のマーカーの手前で着く。
④3つ目のマーカーに顔を向けて進む（図4‐7）。

■ステップ2　止まった状態でグースステップ②

①ひとつ目のマーカーからリードフットとなる足を一歩引いた状態で立つ。
②リードフットを上げると同時に踏み切り、身体を2つ目のマーカーに運ぶ。
③〜④はステップ1と同じ（図4-8）。

■ステップ3　動きながらグースステップ

①ひとつ目のマーカーから1メートルほど離れたところから足踏みしながら進む。
②ひとつ目のマーカーで踏み切り、リードフットを上げ、身体を2つ目のマーカーに運ぶ。
③〜④はステップ1と同じ。

動画で確認

ステップ1〜3ともにステップフットを着く際のつま先の向き、アクセルとブレーキの役割分担

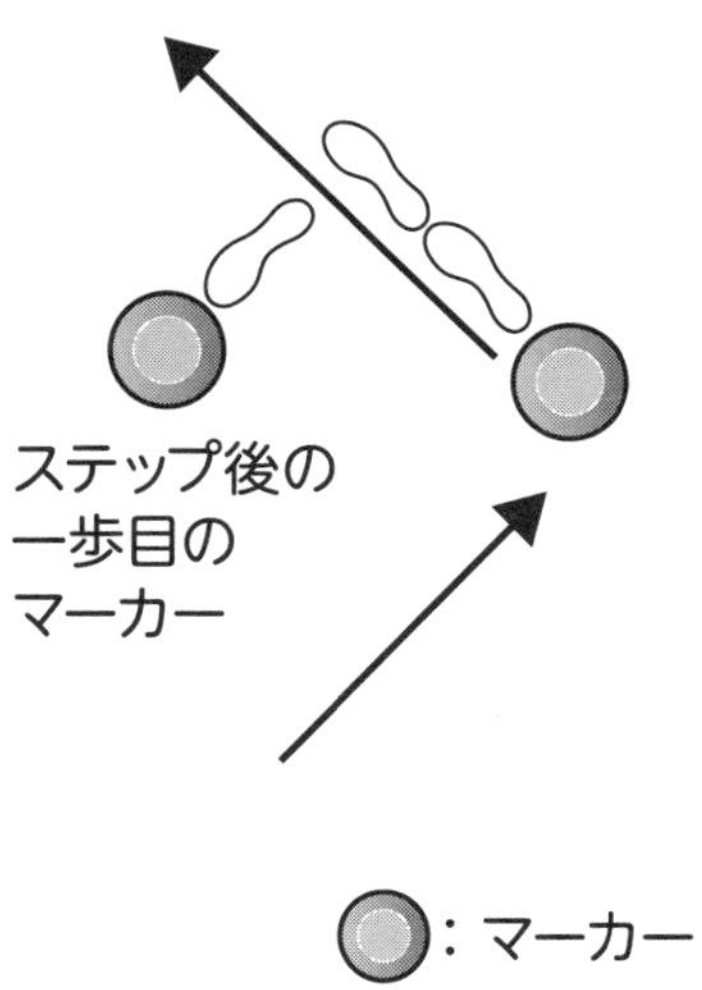

図4-5

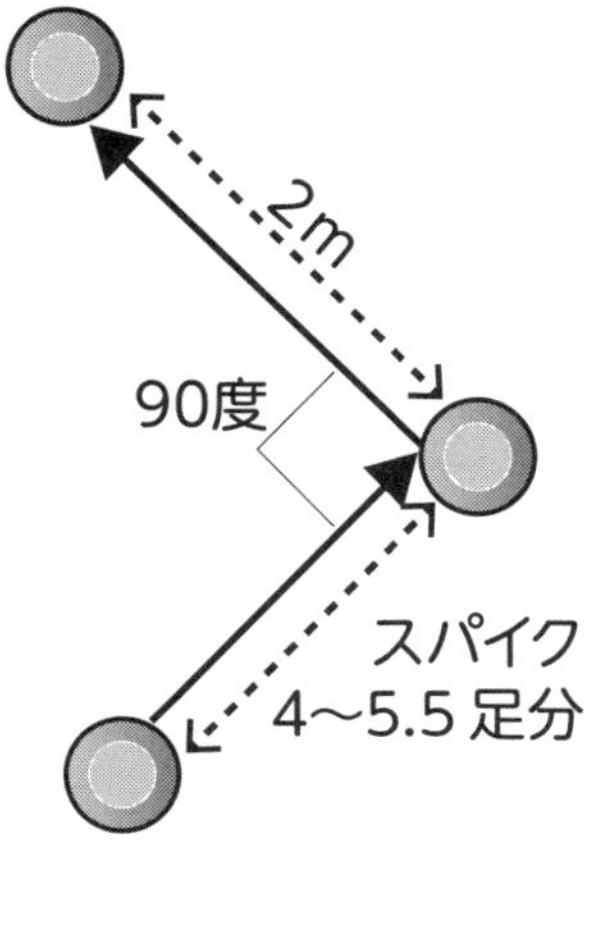

図4-6

動画で確認

図 4 - 7

動画で確認

図 4 - 8

に注意してください。怪我の防止につながります。

■ 1on1ドリル①ゲート1on1

縦系の1on1ドリルです。マーカーを5メートルの正方形に置きます。アタックマーカーの前にマーカーを2つ置き、ゲートを作ります（図4－9）。

■ルール

・トライラインはDFマーカーに面する2辺。その2辺のどちらかにタッチされずにボールを置く、または通過したらトライ。
・片手タッチでタッチ成立。
・アタックはゲートを通過してからステップ。
・DFは、アタックがゲートを通過してからアップ。通過する前にアップした場合はオフサイド。

このドリルはアタックが有利なゲームです。なぜならトライできる場所は両方向にあり、かつDFはアタックがゲートを通過してからでなければ動けないので、アタックは先に動き出しができます。そのため、このドリルで勝敗を意識すると、

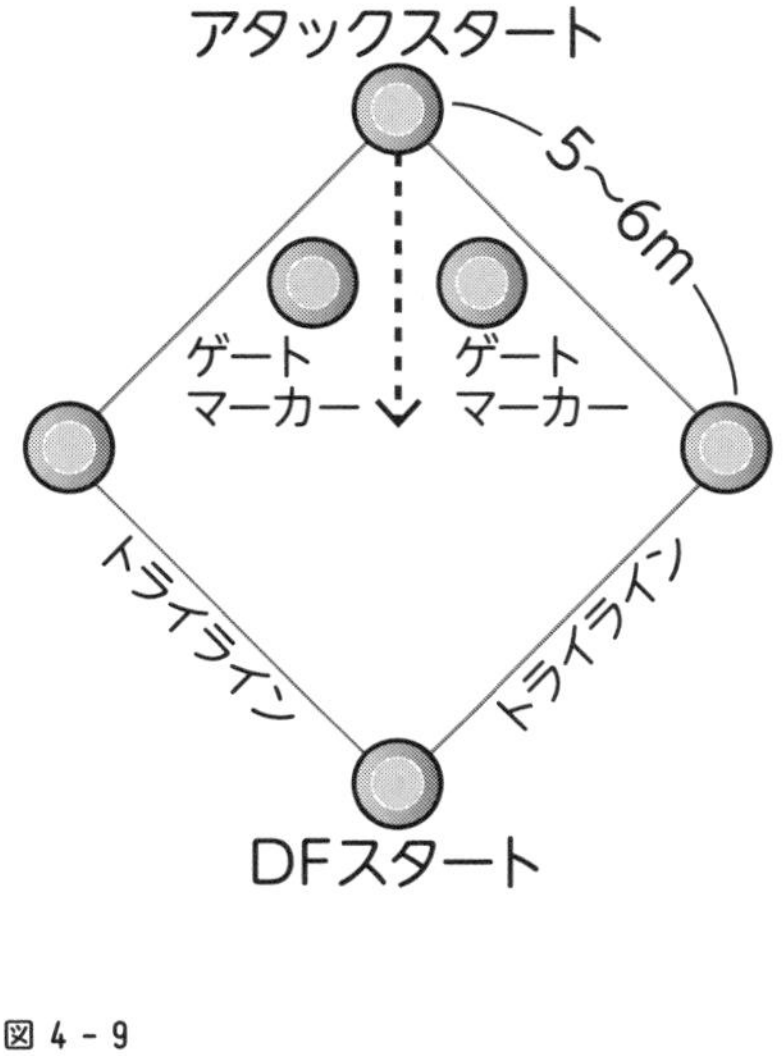

図4－9

ゲート通過とともにダッシュしてトライをとる選手が多く出てきます。なぜならそれがもっともシンプルで勝つ確率が一番高いからです。しかし、このドリルではステップを踏んでもらいたいので、トライの取り方で得点を変化させると、こちらの意図と選手の勝負の意識が一致しやすくなります。例えば、ワンステップもしくはチェンジオブペースでのトライは5点、ただのラン、または2ステップ以上でのトライは1点などにすると、勝つためには前者にチャレンジした方がよいという判断になります。

動画で確認

■ポイント

・間合い

タッチされてしまう選手の多くは、「間合い」が近すぎる傾向が見られます。間合いを意識させるだけでもトライの確率が上がります。

・コミット

間合いはよくてもタッチされている選手はコミットが弱い、またはスピードが足りていないケースが見受けられます。スピードは選手個々の能力に左右されますが、コミットは足が遅い選手でもできます。相手をコミットするためには何をするかを考えるのも楽しみのひとつとなります。

■工夫ポイント

・ゲートを通過する際にジャンプするルールにします。すると、自然とアイランダーステップになっていきます。さらに促すには、ジャンプして着地と同時にステップか加速かを選ぶように伝えるとよいです。

・ゲートではなくDFがボールを持ち、アタックにパスをすると同時にスタートにするパターンもよいです。この場合、DFの詰めが自然と速くなるので、よりコミット力が求められるドリルになります。もしくは正方形の一辺を7~8メートルにして、より間合いとスペースがある状態にするとトライまでの距離が広がり、DFはワンサイドに追い込みやすいため、よりコミット力が求められます。

・基本的には個人ドリルですが、チーム戦でPK方式にすると盛り上がり、より勝負を意識した勝負が繰り広げられやすいです。

■1on1ドリル②斜め1on1

前述のゲート1on1は縦系ですが、これは斜めに走った状態での1on1のため、よりゲームシチュエーションに近いドリルです。トライラインは7~8メートルで、DFはトライラインのマーカーからスタート。アタックのスタートマーカーはDFの位置から約5メートル、かつ内側1メートルにします(図4-10)。

■ルール

・トライラインにタッチされずにボールを置く、または通過したらトライ成立。

・ＤＦは片手タッチでタッチ成立（※両手タッチにしても可。何を意図するかで変更できます）。

・ＤＦは、アタックが動き出したら動いてＯＫ。

・アタックはボールを持った状態で、自分のタイミングでスタート。

このドリルもゲート１ｏｎ１同様アタックが有利なため、得点を変化させると、こちらの意図と選手の意識が一致しやすくなります。

動画で確認

■ポイント

・間合い

タッチされてしまう選手の多くは仕掛けのタイミングが遅く、「間合い」が近すぎる傾向があります。ＤＦは内側のコースを消しながら守るため、仕掛けが遅いと内側のコースがなくなり、ＤＦがよ

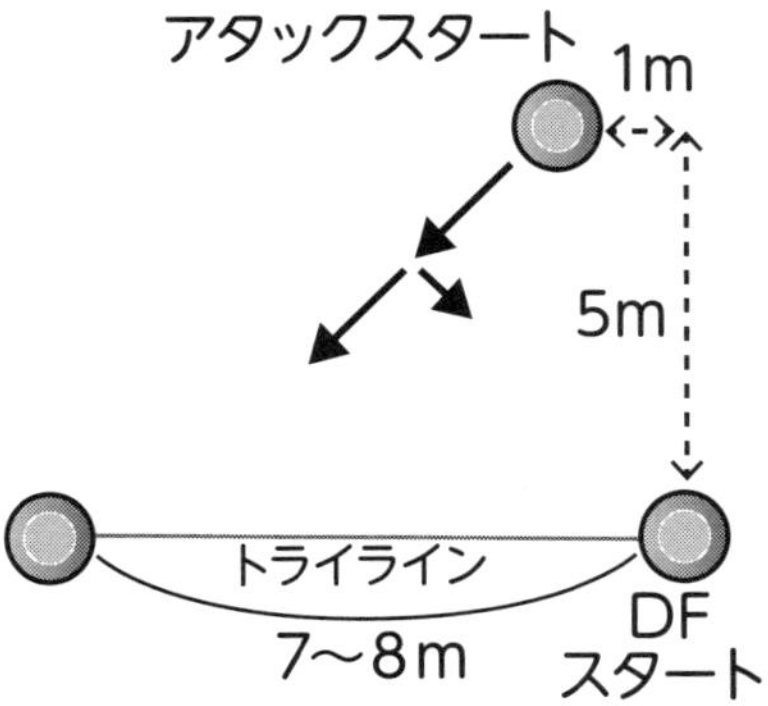

図4-10

り迷いなく、詰めてきやすくなります。

・コミット

間合いはよくてもタッチされている選手はコミットが弱い、またはスピードが足りていないパターンが多いです。DFを真横に動かす、または足を止めることができると、よりコミットしやすくなります。スピードは個々の能力に左右されますが、コミットは足が遅い選手でもできます。相手をコミットするためには、何をするかを考えるのも楽しみのひとつとなります。

■工夫ポイント

・DFは立膝スタート。よりアタックが有利となり、DFをコミットする状況が増えます。

・スタートをパスからにします。DFはパスが出た時点でアップしてOK。より実戦に近い1on1となります。前述した身体を浮かせてボールをもらう練習にもなります。

■1on1ドリル③手合わせ1on1

瞬時の状況判断が求められる1on1ドリル。5～7メートルの正方形を作ります（図4-11）。

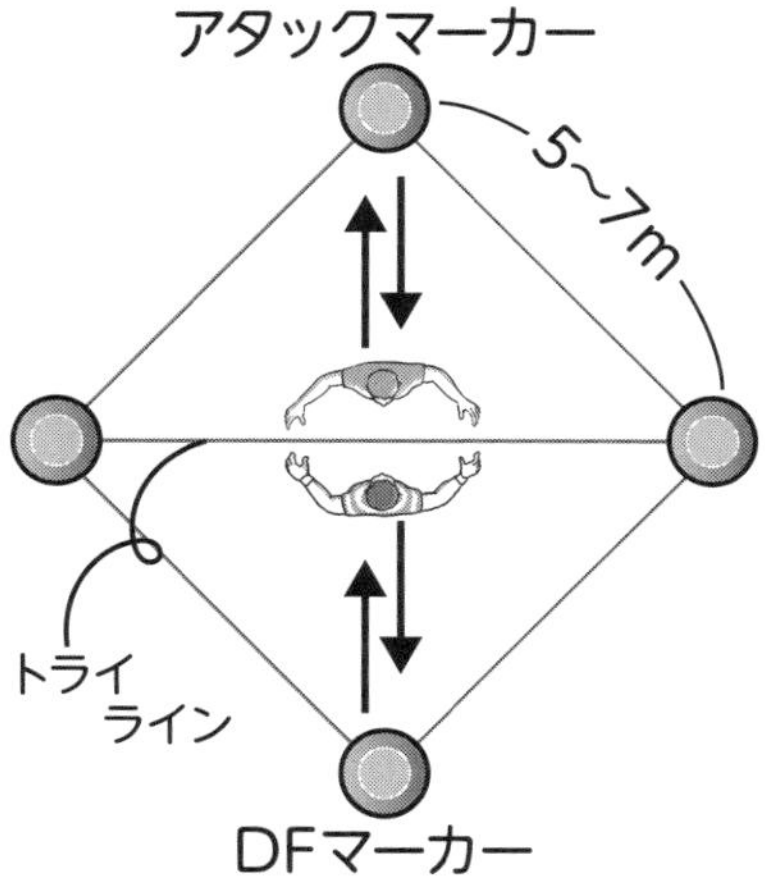

図4-11

■ルール

・中央でアタック、ＤＦが手を合わせた状態にする。
・笛の合図でスタート。アタック、ＤＦともに後ろのマーカーまで向かう。
・マーカーまで着いたら、アタックはトライを取りに行き、ＤＦはタッチしに行くことが可能となる。
・トライは横のマーカーと間のライン。
・片手タッチでもタッチは成立。
・アタックはタッチされずにトライラインにボールを置く、または通過することでトライ成立。

ＤＦにとってはトライラインが前にあるため、より前へ上がる必要があるので、アタックはコミットしやすく、有利なドリルにはなります。しかしアタックにとっても、マーカーに着いてから振り返ってはじめて相手の状況がわかるため、より瞬時の判断が求められます。またマーカーまでより速く行くことで互いに有利な状況となるため、よりスピーディーな１ｏｎ１となります。

動画で確認

■ポイント

・状況判断

マーカーに着いて前を見た瞬間にＤＦの位置と状況を把握し、どの選択をするのかを判断する必要があります。

■工夫ポイント

・DFのマーカーの位置を近くして、アタックによりプレッシャーを与えた状態にします。

・DFのマーカーを3カ所にして、スタートの合図でどのマーカーに行くかを指示します。正面だけでなく、いろいろな位置からアタックにプレッシャーを与えることができます。アタックは前を見た瞬間に、DFがどこから来るかを素早く認識しなければなりません（図4-12）。

・アタックのマーカーも3カ所にして、スタートの合図でどのマーカーに行くかを指示します。さまざまなシチュエーションでの対応が求められる状態となります（図4-13）。

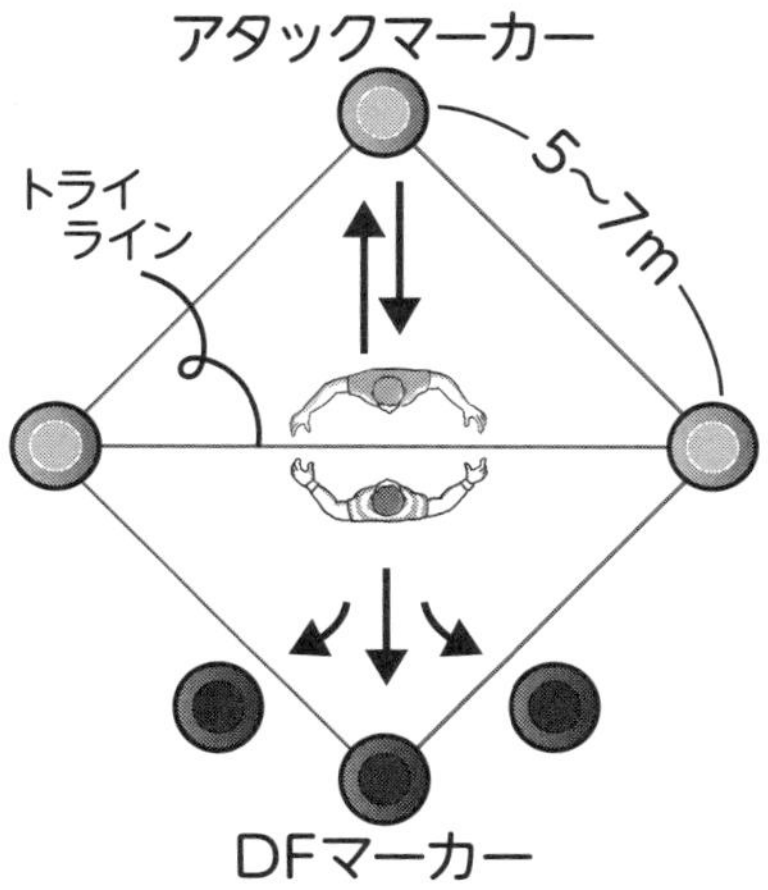

図4-12

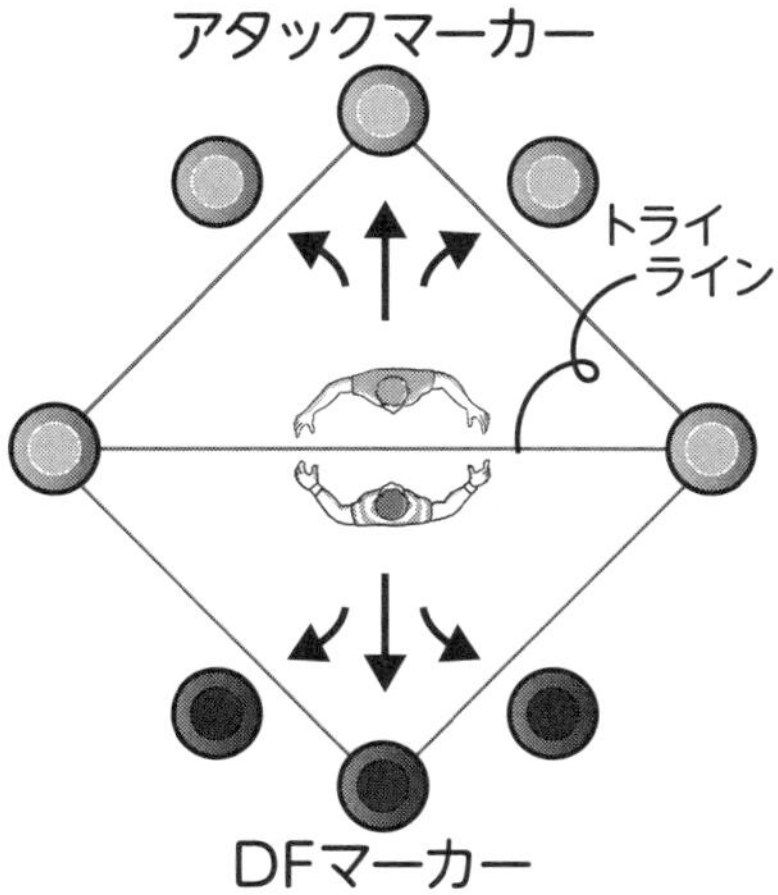

図4-13

Nara Hide推奨のトレーニングは〝ダンス〟

■ダンサー最強説

ニュージーランド式ステップでは上半身と下半身をバラバラで動かしたり、連動させたりと、身体操作が求められます。レッスンの中でも、頭では動きをわかっていても、身体が思いどおりに動かないという方はとても多いです。

そのため、レッスンを受けた方からは「どんなトレーニングをしたらよいですか？」という質問をよく受けます。一番のトレーニングはステップを踏むことですが、自分のイメージした動きを体現するための身体の準備として、僕が推奨するのは「ダンス」です。

僕自身の考えですが、どんな競技の選手よりもダンサーがもっとも身体操作に長けていると思っています。「ダンサー最強説」です。

ダンサーは、筋肉ひとつひとつをコントロールして表現しているため、浮いているような動きやスローモーション、ロボットのような動き、動きの緩急、非現実的な動きをしています。CGなのかなと思うのほどの動きです。

身体の隅々まで神経がつながっていて、自分が動かしたいところを思いどおりに動かしているからこそできるのだと思います。

これは、アスリート全般が求めていることなのではないでしょうか？

■お勧めのダンスジャンル

「どのダンスがトレーニングとしてお勧めですか？」という質問を受けますが、お勧めはポッピングやアニメーション、シャッフルダンスです。

ポッピングという名前は、ポップ＝筋肉を弾くという意味に由来していて、筋肉を弾きながら踊るのが大きな特徴です。ポッピングで筋肉を緩めて固めるという緩急の動きを習得できます。

アニメーションダンスは身体をパーツごとに動かして、スローモーションのような動きやウェーブを駆使してみせるダンスです。アニメーションのコマ送りの動作が語源となり、ポップから派生したダンスといわれています。このアニメーションダンスでは指先まで神経をつなげて、身体を操作することが習得できます。思いどおりに足を接地させたり、身体を動かしたりすることができるので、怪我の予防にもなると思います。

シャッフルダンスは、速いリズムに合わせてさまざまなステップを組み合わせるダンスジャンルです。足の速い入れ替えや股関節の内旋外旋の動きが多いので、グースやグースステップの動きに生きてきます。

もちろん、ほかのジャンルのダンスもよいと思います。

前述の「ダンサー最強説」に戻りますが、ダンサーが球技をプレーしたら最強だとも思っています。アニメーションダンスのような緩急のあるステップを急に目の前でされたら、DFはつい反応してしまい、見事にコミットされてしまうと思います。しかし、ダンスと球技スポーツには大きな違いがあります。ダンスは表現、球技スポーツは対人というところです。

球技スポーツは対人となるため、相手の状態を見て判断をする、判断スキルが求められます。この判断スキルがあるかないかは大きな違いで、もしこのスキルを持ったダンサーがいたら、それこそ最強だと思います。ゆえに判断スキルを備えている球技スポーツの選手は、ぜひトレーニングにダンスを取り入れてみてください。

■ダンスでリズム感を養う

ダンスは身体操作だけでなく、リズム感もトレーニングできます。

僕は、リズム感はスポーツにおいて重要だと思っています。

なぜかというと、味方のタイミングに合わせて動いたり、パスをしたり、また相手のタイミングをズラして抜くなど、リズム感があるからこそ実現可能なプレーがあるからです。

ステップにおいてもグースステップのケン・チョキのように、音に合わせながら身体を動かすなどリズム感が求められます。

レッスンにおいてもリズム感がある選手とない選手では正直、習得のスピードが違うと体感しています。

このようにダンスは、身体操作とリズム感を養うにはお勧めのトレーニングです。

また大きな括りになりますが、スポーツにおいて音楽は重要な役割を持っていると思います。試合前の精神統一や気分を盛り上げるために聴いたり、トレーニング中に流したりと、スポーツと音楽は近い存在です。

好きな音楽を聴きながら、踊ってみましょう。身体操作のみならず、気分もあがるはずです。ぜひお試しください。

おわりに　～ステップは一日にして成らず～

グースステップやアイランダースステップなどに関して、方法やポイント、「なぜそうするのか?」を本書を通してご理解いただけたかと思います。しかし、みなさんもご存知のとおり、頭でわかっているのと、身体で実践するのは別物です。「わかっているけれど、身体が思いどおりに動かない」というのはよくある話です。ゆえに、「ステップは一日にして成らず」なのです。

みなさんは今、特に意識することなく、当たり前のようにお箸を使ってご飯を食べていますが、最初からできていたでしょうか?　そんな人はいませんよね。お箸の持ち方を教わり、ポイントを意識して何度も練習したうえで身につけたはずです。ステップもお箸の使い方と同じです。最初はできなくても、方法やポイントを押さえたうえで練習を重ねる。そして練習を重ねれば重ねるほど、無意識にステップができるようになっていく。無意識にできるようになれば、あとは相手の状態を見ることに集中できます。最初のうちは、考えなければいけないことが多いため、うまくいかないケースも少なくないでしょう。しかし、そこで止まらないでください。挑戦し続けて、失敗と成功をたくさん経験して、積み重ねていきましょう。そして、成功と失敗の理由を探っていってください。それがみなさんの自信につながっていくと思います。

僕がレッスンやSNSでよく受ける質問があります。それは、「どうすればステップを切れるようになりますか?」というものです。僕は決まって、「まず大事なのは、あなたにステップをやりたい気持ちがあるかどうか。本当にできるようになりたいのであれば、必ずできます」と答えます。半分以上の人が、この回答に「そりゃそうですよね……」とキョトンとした表情になりますが、そこが本当に重要なところです。前述したように、やり方を知っていたとしても、身体はそのとおりには動いてくれません。それは、今までしてこなかった動きを身体がしようとしているからです。そしてできるようになるには、時間をかけて反復練習をする必要があります。その時間がどのくらいかはわかりません。僕自身もまだ進化できると感じているので、やり続けています。

つまり「やりたい」という思いがあってはじめて、ステップのために時間を費やすという選択肢が生まれます。だから最初に、「本当にステップを踏みたいですか?」と聞くのです。

思いがあれば、必ずできるようになります。なぜなら、できるようになるまでやり続けるからです。そして壁にぶつかったり、わからないことがあるときは、本書や僕のレッスンが役に立つと思っています。また、「そもそもステップってなに?」という選手や、チャレンジしたいけれどなにをどうすればよいかわからないという選手にとって、ステップをはじめるきっかけになれれば幸せです。

はじめにでもお伝えしたとおり、本書に記したことが絶対の正解でもなければ、不正解でもありません。みなさんが実践して、選択し、判断することが重要だと思っています。その結果、相手をズラしたり、抜くことができたのであれば、それが「正解」なのです。

お伝えしたことが、みなさんにとって新たな武器を作り出す際のサポートになったり、今悩んでいることの解決の手立てになれればうれしい限りです。

本書を出版するにあたり、ご縁を作っていただいたラグビーコーチの井上正幸さん、そして快く推薦帯を引き受けていただいた弟子の林大成選手、撮影を手伝ってくれたタッチラグビー女子日本代表のカナこと倉石佳奈選手と、もりしゅんこと森俊介選手、そして今までのレッスン受講者、応援してくれているみなさんに感謝します。みなさんのおかげで、ステップのブラッシュアップができ、本書を出す自信と決意を持つことができました。

そしてそして、自由にやりたいことをやり続けて、迷惑をかけまくっても、応援し続けてくれた奈良家。まだやりたいことをやり続けるので、これからもよろしくです。ひとまず、おっとう（奈良家は両親をおっとう、おっかあと呼びます）に手土産のひとつができました。

2021年2月　奈良秀明

［著者］

奈良秀明（なら・ひであき）

1983年3月29日生まれ。東京都町田市出身。忠生高校から日本体育大学へ進学。2001年よりタッチラグビー日本代表で18年間プレー。通算5回のワールドカップに出場。2011年タッチワールドカップではメンズクラス（男子の部）世界4位・日本チームMIPを獲得。様々な国際大会に出場しトップの成績を収めている。2019年ワールドカップでは銅メダルを獲得。日本初のステッパーとして、2015年にニュージーランド式ステップ指導プログラムを開発、また同年に日本初のタッチラグビースクール「町田ゼルビアBLUES」（JリーグFC町田ゼルビアのスポーツスクール）を設立して、小学生を対象に指導を開始。これまで7人制ラグビー日本代表選手をはじめ小学生から社会人と幅広く指導を実践。約5000人に指導した実績を誇る。

ブックデザイン	山之口正和+沢田幸平（OKIKATA）
カバー写真	Getty Images
写真	魚住貴弘、Getty Images、アフロ
DTPオペレーション	松浦竜矢
イラスト	中山けーしょー
撮影協力	ZELVIA FUTSAL PARK、倉石佳奈、森俊介
編集協力	三谷悠、松岡健三郎
編集	滝川昂（株式会社カンゼン）

魔法のように人をズラす
ラグビー最強のステップ

ニュージーランド式ステップデザイン

発行日　2021年3月22日　初版

著者　奈良 秀明

発行人　坪井 義哉

発行所　株式会社カンゼン
〒101-0021
東京都千代田区外神田2-7-1 開花ビル
TEL　03(5295)7723
FAX　03(5295)7725
http://www.kanzen.jp/
郵便為替 00150-7-130339

印刷・製本　株式会社シナノ

ISBN 978-4-86255-592-2
Printed in Japan
定価はカバーに表示してあります。
ご意見、ご感想に関しましては、kanso@kanzen.jpまでEメールにてお寄せ下さい。お待ちしております。